ड्राफ्ट्समैन मैकेनिकल द्वितीय वर्ष हिंन्दी MCQ

मनोज डोळे

डिजिटाइजेशन समय की मांग है। भविष्य में, प्रशिक्षण को अधिक सुविधाजनक और आसान बनाने के लिए ऑनलाइन इंटरनेट का उपयोग करके औद्योगिक प्रशिक्षण संस्थानों में प्रशिक्षण आयोजित करने की आवश्यकता होगी। एमसीक्यू प्रश्नों के एक सेट वाली ई-पुस्तकें प्रशिक्षुओं को उपलब्ध कराई जाएंगी क्योंकि उन्हें अपने औद्योगिक प्रशिक्षण संस्थानों में होने वाली ऑनलाइन परीक्षाओं की तैयारी के लिए बहुविकल्पीय प्रश्नों एमसीक्यू के अधिक आदी होने की आवश्यकता है।

इन सब बातों को ध्यान में रखते हुए औद्योगिक प्रशिक्षण संस्थान सतारा के प्रशिक्षक श्री मनोज मधुकर डोले ने नई वार्षिक प्रणाली और एनएसक्यूएफ-5 पाठ्यक्रम के अनुसार पुस्तकें लिखी हैं। और उन्होंने प्रशिक्षण को आसान बनाने के लिए सैद्धांतिक मोबाइल ऐप और ब्लॉग बनाए हैं, और इन सभी शैक्षिक सामग्री को विश्व प्रसिद्ध वेबसाइटों Google Play Store, Amazon और Apple Book Store पर डाउनलोड के लिए उपलब्ध कराया है।

पुस्तकों का प्रकाशन माननीय सहसंचालक श्री राजेंद्र घुमे साहेब प्रादेशिक व्यावसायिक शिक्षण व प्रशिक्षण कार्यालय, पुणे द्वारा दिनांक 9/1/2019 को किया गया, इस समय श्री प्रकाश सहगवकर साहब प्राचार्य शासकीय औद्योगिक प्रशिक्षण संस्थान औंध पुणे, श्री तुकाराम मिसाल साहेब प्राचार्य सरकार प्र. संस्था सतारा, श्री सचिन धूमल साहब जिला व्यावसायिक शिक्षा एवं प्रशिक्षण अधिकारी सतारा, श्री यतिन परगांवकर साहब प्राचार्य शासन. Q. संस्था कोल्हापुर, श्री विकास टेक साहब इंस्पेक्टर वोकेशनल एजुकेशन एंड ट्रेनिंग रीजनल ऑफिस पुणे, पालेकर फूड्स प्रोडक्ट्स प्रा. लि. सतारा के उद्यमी अध्यक्ष श्री नीलकंठराव पालेकर साहब, हीरा फूड्स के अध्यक्ष श्री इब्राहिम बाबा तंबोली साहब, श्रीमती शाल्मली पवार मुख्याध्यापिका शासकीय तकनीकी विद्यालय केंद्र सतारा सहित अन्य गणमान्य व्यक्ति इस अवसर पर उपस्थित थे।

क्रम-सूची

प्रस्तावना

ड्राफ्ट्समैन मैकेनिकल द्वितीय वर्ष हिंन्दी MCQ आईटीआई इंजीनियरिंग कोर्स रिवाइज्ड एनएसक्यूएफ सिलेबस , ड्राफ्ट्समैन मैकेनिकल सेकेंड ईयर के लिए एक सरल ई-बुक है । इसमें रेखांकित और बोल्ड सही उत्तरों के साथ वस्तुनिष्ठ प्रश्न शामिल हैं, MCQ सभी विषयों को कवर करता है, जिसमें CAD एप्लिकेशन में कौशल के बारे में सभी नवीनतम और महत्वपूर्ण शामिल हैं, व्यावहारिक असाइनमेंट विभिन्न तरीकों से कमांड का उपयोग करके दिए जाते हैं। मशीन के पुर्जों जैसे पुली, पाइप फिटिंग, गियर्स और कैम्स का विवरण और संयोजन ड्राइंग संज्ञानात्मक और व्यावहारिक कौशल की श्रेणी को लागू करता है। सीएडी में गुणवत्ता की अवधारणा को लागू करते हुए उत्पादन ड्राइंग का निर्माण करें। 3डी मॉडलिंग स्पेस में वस्तुओं का निर्माण और दृश्य उत्पन्न करना, .dwgand .pdf प्रारूप में प्लॉट के लिए पूर्वावलोकन प्रिंट करना। माप लेकर पारंपरिक चिन्ह और चिन्ह लगाने वाले मशीन के पुर्जों की उत्पादन ड्राइंग तैयार करके व्यक्तिगत कौशल विकसित किया जाता है। प्रक्रिया पथ और मानव एर्गोनॉमिक्स पर विचार करते हुए एक उत्पादन उद्योग के कार्यशाला लेआउट को आकर्षित करने के लिए ज्ञान प्रदान करें। सॉलिडवर्क्स/ऑटोकैड इन्वेंटर/3डी मॉडलिंग वातावरण में असाइनमेंट बनाने और प्लॉट करने के लिए और आयाम, एनोटेशन, शीर्षक ब्लॉक और सामग्री के बिल के साथ मशीन भागों के विस्तृत दृश्य हैं। और बहुत अधिक।

हम प्रत्येक नए संस्करण के साथ नए प्रश्न उत्तर जोड़ते हैं। किसी भी त्रुटि/चूक के मामले में कृपया हमें ईमेल करें। यह यकीनन सभी इंजीनियरिंग बहुविकल्पीय प्रश्नों और उत्तरों के लिए सबसे बड़ी और सर्वश्रेष्ठ ई-बुक है।

एक छात्र के रूप में आप इसे अपनी परीक्षा की तैयारी के लिए उपयोग कर सकते हैं। यह ई-पुस्तक प्रोफेसरों के लिए सामग्री को ताज़ा करने के लिए भी उपयोगी है।

भूमिका

डीजीईटी नई दिल्ली और सीएसटीएआरआई कोलकाता अगस्त 2018 सत्र से आईटीआई में सभी व्यवसायों के लिए एक वार्षिक पैटर्न लागू कर रहे हैं। परीक्षा प्रणाली में भी बदलाव किया जाएगा और यह इस साल से ऑनलाइन हो जाएगी और चूंकि सभी प्रश्न वस्तुनिष्ठ प्रकार (एमसीक्यू) के हैं, इसलिए प्रशिक्षुओं को गहन अध्ययन की सख्त जरूरत है। इसे ध्यान में रखते हुए हमें पुराने NIMI पैटर्न पर आधारित पुस्तकें और नए वार्षिक पैटर्न का संपूर्ण अवलोकन प्रस्तुत करते हुए प्रसन्नता हो रही है, और हम आशा करते हैं कि ये पुस्तकें सभी व्यावसायिक निदेशकों और प्रशिक्षुओं के लिए एक मार्गदर्शक होंगी। है।

इन पुस्तकों को लिखने के लिए आईटीआई अकलुज के प्राचार्य जोहर अवाटे साहब ने कहा। आईटीआई सतारा सहगवकर साहब के पूर्व प्राचार्य, सहायक निदेशक श्री चंद्रकांत ढेकने साहेब क्षेत्रीय व्यावसायिक शिक्षा एवं प्रशिक्षण कार्यालय, पुणे, जिला व्यावसायिक शिक्षा एवं प्रशिक्षण अधिकारी सचिन धूमल साहेब एवं प्रधानाध्यापक शासकीय तकनीकी विद्यालय केन्द्र शाल्मली पवार मैडम एवं पुत्र अधिराज डोले, माता कुसुम डोले , मैं अपने पिता मधुकर डोले और पत्नी अश्विनी डोले को समय-समय पर उनके विशेष मार्गदर्शन और सहयोग के लिए बहुत आभारी हूं।

साथ ही, बहुत ही कम समय में श्री राजेन्द्र घुमे साहेब, संयुक्त निदेशक, व्यावसायिक शिक्षा और प्रशिक्षण क्षेत्रीय कार्यालय, पुणे द्वारा पुस्तक के प्रकाशन में उनके अमूल्य समय के लिए पुस्तक की समीक्षा की गई। मैं उनकी प्रतिक्रिया के लिए हृदय से आभारी हूँ।

पुस्तक लिखने की शुरुआत से ही निरंतर समर्थन के लिए मैं आईटीआई सतारा के प्रशिक्षक का आभारी हूं।

इस पुस्तक से, मैं खुद को धन्य मानता हूं कि मैंने आपके साथ ई-लर्निंग पर अपने विचार साझा किए। मैं यह दावा नहीं करूंगा कि यह पुस्तक पूर्ण है, क्योंकि पूर्णता को देखते हुए यह पुस्तक एक प्रयास है और अपनी शैशवावस्था में है। यदि उनका परीक्षण और सुझाव दिया जाए तो वे सुधार के लिए मूल्यवान होंगे।

मनोज डोले

दिनांक 9/1/2019

पावती (स्वीकृति)

21वीं सदी में औद्योगिक क्षेत्र में तेजी से बढ़ती मांग के अनुरूप बहु-कुशल कारीगरों की आपूर्ति के लिए व्यावसायिक शिक्षा और प्रशिक्षण विभाग के माध्यम से व्यावसायिक शिक्षा और प्रशिक्षण विभाग के माध्यम से व्यावसायिक शिक्षा और प्रशिक्षण प्रदान किया जाता है। संस्थानों के भीतर सभी व्यवसाय महत्वपूर्ण हैं, क्योंकि इन व्यवसायों के प्रशिक्षु उद्योग की मांगों के अनुसार बहु-कौशल विकसित करते हैं।

सभी व्यवसायों के लिए उपयुक्त एमसीक्यू ई-पुस्तकें उपलब्ध कराने के नेक इरादे से, यह देखते हुए कि औद्योगिक क्षेत्र के सभी उद्योगों में सभी परीक्षाएं ऑनलाइन आयोजित की जाती हैं और इसमें एमसीक्यू पद्धति के प्रश्न शामिल होते हैं। श्री मनोज मधुकर डोले ने नए वार्षिक पाठ्यक्रम के अनुसार एमसीक्यू पद्धति पर एक बहुत अच्छी ई-बुक लिखी है। यह ई-पुस्तक निश्चित रूप से सभी प्रशिक्षुओं, प्रशिक्षु उम्मीदवारों, प्रशिक्षण प्रशिक्षकों और अन्य संबंधितों के लिए एक मार्गदर्शक होगी।

पुस्तक के लेखक श्री मनोज मधुकर डोले, इंस्ट्रक्टर गॉव आईटीआई सतारा को 17 साल का प्रशिक्षण अनुभव है। एक नए वार्षिक पैटर्न के रूप में लिखी गई, यह ई-बुक प्रत्येक विषय के लिए लेआउट, सरल भाषा और सरल सिंटैक्स, आरेख और वीडियो को समझने के लिए आधुनिक डिजिटल क्यूआर कोड तकनीक को शामिल करती है। इसलिए मुझे विश्वास है कि यह ई-पुस्तक निश्चित रूप से गहन अध्ययन और परीक्षा अभ्यास के लिए उपयोगी होगी। उन्होंने जो कार्य किया है वह निश्चित रूप से काबिले तारीफ है।

श्री तुकाराम मिसाल
प्राचार्य शासकीय औद्योगिक प्रशिक्षण संस्था सातारा.

आमुख

हमारे औद्योगिक प्रशिक्षण संस्थानों की औद्योगिक प्रशिक्षण और सैद्धांतिक परीक्षा प्रणाली और इन परिवर्तनों को शिल्प प्रशिक्षकों और प्रशिक्षुओं द्वारा स्वीकार किया गया है। आपके औद्योगिक प्रशिक्षण संस्थानों में आयोजित सैद्धांतिक परीक्षाएं भी ऑनलाइन आयोजित की जाती हैं। चूंकि ये परीक्षाएं बहुविकल्पीय एमसीक्यू पद्धति की हैं, इसलिए प्रशिक्षुओं को ऐसे प्रश्नों का अधिक अभ्यास करने की आवश्यकता होगी।

इन सब बातों को ध्यान में रखते हुए श्री मनोज मधुकर, निदेशक, डोले क्राफ्ट्स, कटारी औद्योगिक प्रशिक्षण संस्थान, सतारा, ने नई वार्षिक प्रणाली और NSQF-5 के अनुसार, गहन अध्ययन किया है और अपनी मेहनत से और अपनी गहरी बुद्धि को जोड़ा है। पाठ्यक्रम, कटारी और अन्य मशीन ट्रेडों की ई-बुक। -बुक) और उन्होंने प्रशिक्षण को आसान बनाने के लिए सैद्धांतिक विषयों पर मोबाइल ऐप और ब्लॉग बनाए हैं और इन सभी शैक्षिक सामग्री को विश्व प्रसिद्ध वेबसाइटों Google Play Store, Amazon और Apple Book Store पर डाउनलोड के लिए उपलब्ध कराया है। प्रिंट संस्करण बनाकर और क्यूआर कोड जैसी उन्नत तकनीकों का उपयोग करके प्रशिक्षण को आसान बना दिया गया है।

ये सभी शैक्षिक सामग्री निश्चित रूप से सभी प्रशिक्षुओं के लिए गहन अध्ययन के लिए और शिल्प प्रशिक्षकों और अन्य संबंधितों के लिए एक मार्गदर्शक होगी जो व्यावसायिक प्रशिक्षण प्रदान कर रहे हैं।

1

ड्राफ्ट्समैन मैकेनिकल द्वितीय वर्ष QR Code Images

Download App
Online Test Exam
ITI Books
AutoCAD CAM
JOB & Apprentice
Online Theory
Computer Course
Trading Course
CNC Course
MSCIT Course
Shopping Business
Internet Business
Web Designing
Online Services
Top Sportsmans
Indian Army
Freedom Fighters
Top Scientists
Social Reformers
Motivational Speaker
Top Richest People
Join WhatsApp Group
Join Facebook Group
Like Facebook Page
PAN / Adhar / Licence Passport

AutoCAD Command Shortcut Keys

CTRL+Q Exit public consciousness
CTRL+R Remove ornamentation
CTRL+S Save as Stainless Steel
CTRL+SHFT+S Save as a better design (ie. Titanium)
CTRL+T Toggles Talent (requires administrative access)
CTRL+V Value Engineer (reduces scale by 78%)
CTRL+SHFT+V Pastes data from ArchRecord as Block
CTRL+X Begin unpaid Furlough
CTRL+Y Repeats last award winning design
CTRL+Z Speed dial Zaha Hadid
CTRL+ZZZ Sleep (not applicable)
CTRL+[Cancels current schedule
CTRL+\ Cancels current budget
CTRL+ANGST+DEL (no action)

F1 Displays Help wanted sign in café window
F2 Toggles all text to Helvetica
F3 Toggles Oh-SNAP
F4 Toggles MODERNISM
F5 Toggles ISOLATION
F6 Toggles CORBUSIER
F7 Toggles IRRELEVANT GRID
F8 Toggles ORTHO MODE (should always be on)
F9 Toggles POSTMODERNISM (should always be off)
F10 Toggles NORWAY
F11 Toggles ARROGANCE

AutoCAD Command Shortcut Keys

ALT+F8 Delete detail
ALT+F11 Add white
CTRL+1 Simplify Palette
CTRL+2 Remove Interior Design Palette
CTRL+3 Complicate Construction Process
CTRL+4 Add 4 extraneous sheets
CTRL+5 Remove Client's color Palette
CTRL+6 Remove Client's wife's color Palette (must press hard)
CTRL+7 Markup Set for interns (with only circles and question marks)
CTRL+A Selects objects in drawing that aren't really needed
CTRL+B Sends resume to B.I.G.
CTRL+SHIFT+B Shifts blame to Consultants
CTRL+C Copies angst to Clipboard
CTRL+SHFT+C Copies angst to Clipboard with Base Point (ie. Finland)
CTRL+D Delete relevance
CTRL+E Cycles through design ideologies
CTRL+F Flatten all roofs
CTRL+G Insert 9-square Grid
CTRL+H Insert Awesomeness
CTRL+L Adds "Le" in front of all nouns
CTRL+K Justify design concept
CTRL+L Left justify design concept
CTRL+M Less and/or more
CTRL+N Insert new idea (bills client for additional time required)
CTRL+O Opens ArchDaily.com
CTRL+P Prints unemployment check

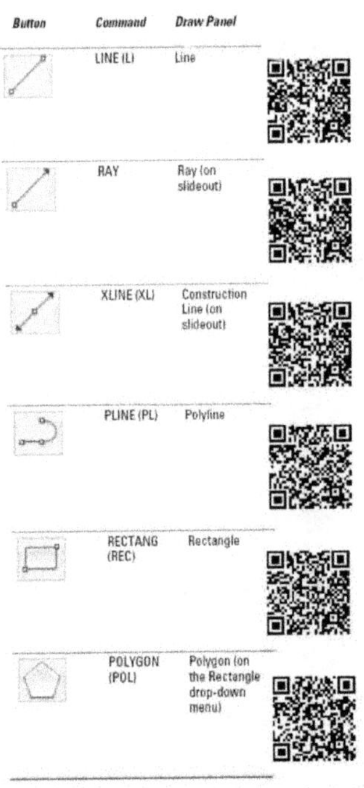

Button	Command	Draw Panel
	LINE (L)	Line
	RAY	Ray (on slideout)
	XLINE (XL)	Construction Line (on slideout)
	PLINE (PL)	Polyline
	RECTANG (REC)	Rectangle
	POLYGON (POL)	Polygon (on the Rectangle drop-down menu)

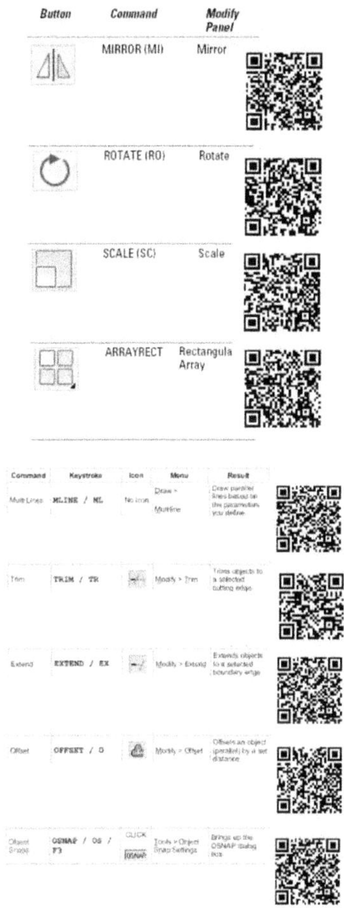

Button	Command	Modify Panel
	MIRROR (MI)	Mirror
	ROTATE (RO)	Rotate
	SCALE (SC)	Scale
	ARRAYRECT	Rectangula Array

Command	Keystroke	Icon	Menu	Result
Multi Lines	MLINE / ML	No icon	Draw > Multiline	Draw parallel lines based on the parameters you define
Trim	TRIM / TR		Modify > Trim	Trims objects to a selected cutting edge
Extend	EXTEND / EX		Modify > Extend	Extends objects to a selected boundary edge
Offset	OFFSET / O		Modify > Offset	Offsets an object (parallel) by a set distance
Object Snaps	OSNAP / OS / F3	CLICK OSNAP	Tools > Object Snap Settings	Brings up the OSNAP dialog box

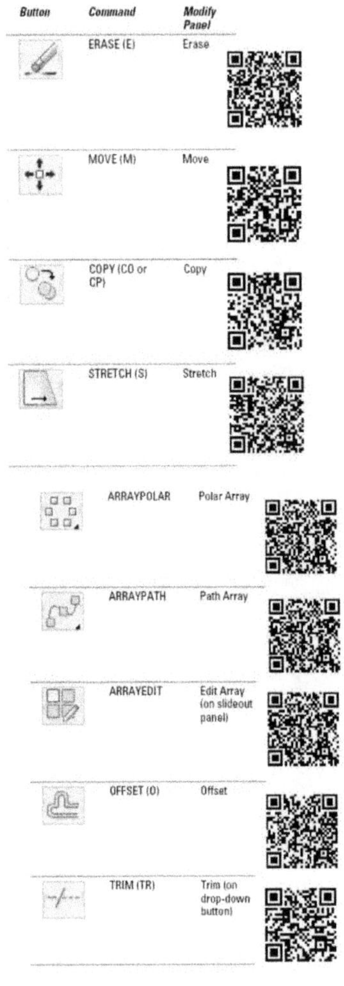

Button	Command	Modify Panel
	ERASE (E)	Erase
	MOVE (M)	Move
	COPY (CO or CP)	Copy
	STRETCH (S)	Stretch
	ARRAYPOLAR	Polar Array
	ARRAYPATH	Path Array
	ARRAYEDIT	Edit Array (on slideout panel)
	OFFSET (O)	Offset
	TRIM (TR)	Trim (on drop-down button)

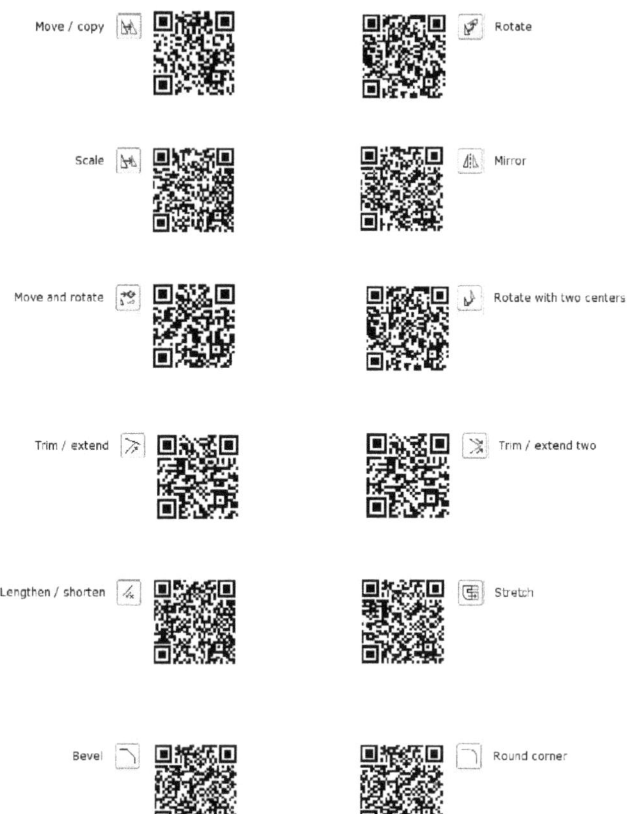
Move / copy
Rotate
Scale
Mirror
Move and rotate
Rotate with two centers
Trim / extend
Trim / extend two
Lengthen / shorten
Stretch
Bevel
Round corner

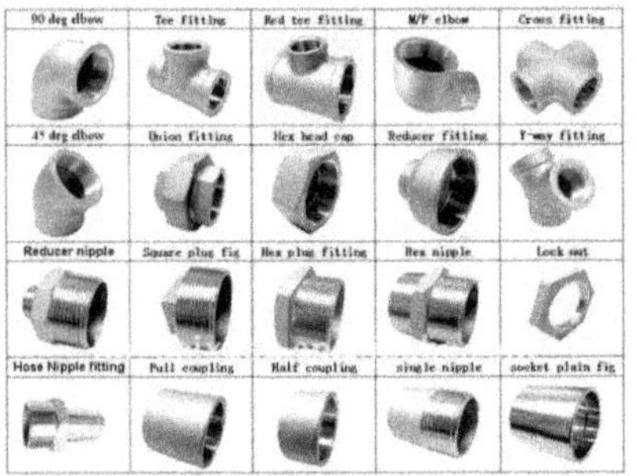

pipe joints

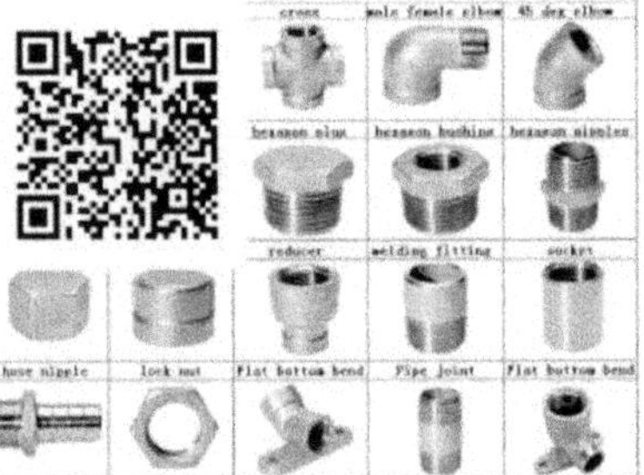

pipe joints

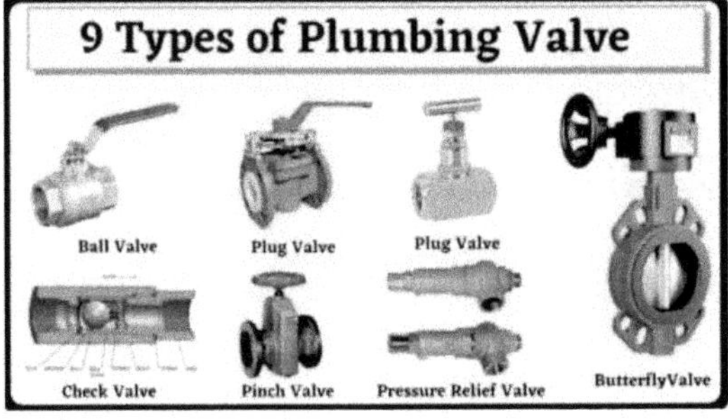

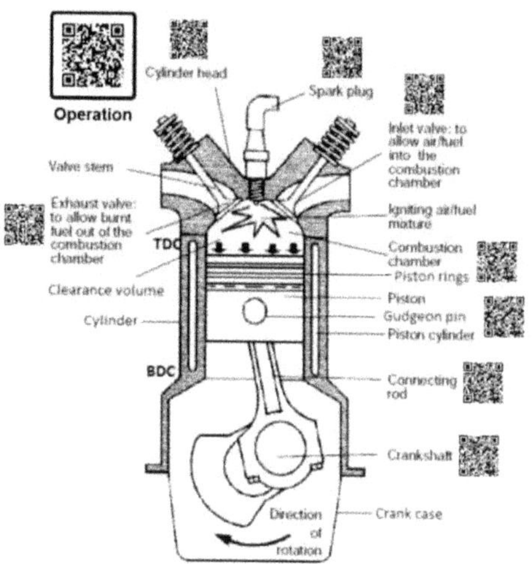

Petrol Engine Details

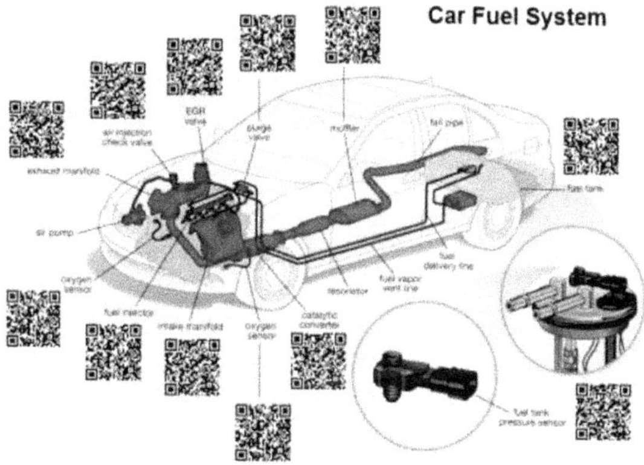

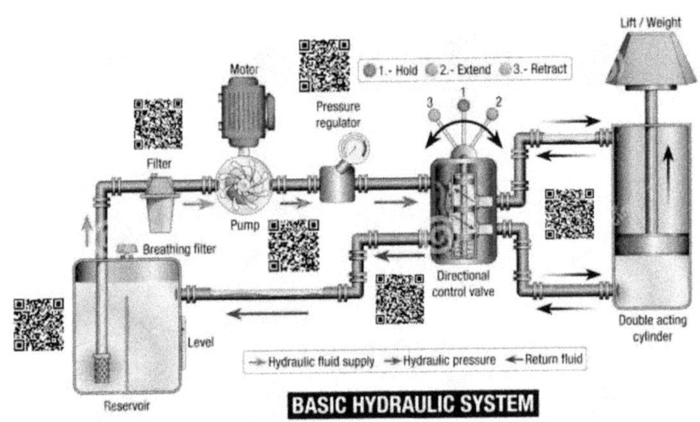
Lift / Weight
Motor
1.- Hold
2.- Extend
3.- Retract
Pressure regulator
Filter
Pump
Breathing filter
Directional control valve
Double acting cylinder
Level
Reservoir
Hydraulic fluid supply
Hydraulic pressure
Return fluid
BASIC HYDRAULIC SYSTEM

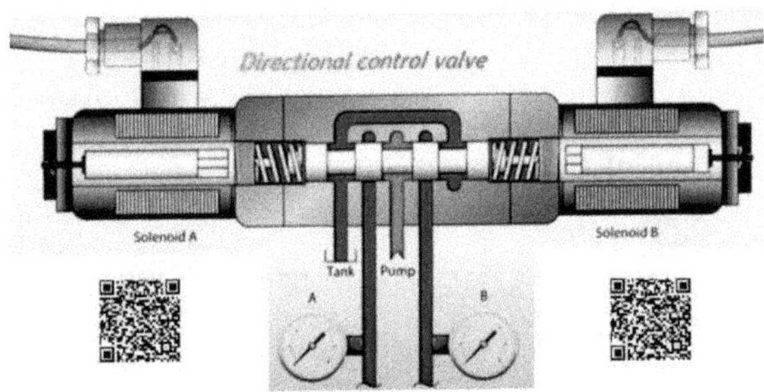
Directional control valve
Solenoid A
Solenoid B
Tank
Pump
A
B

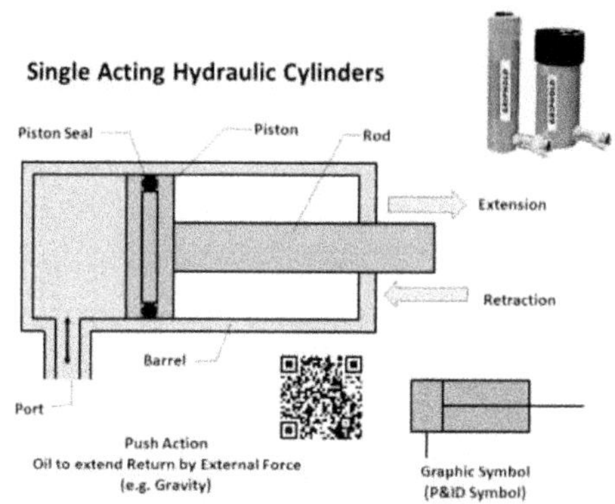
Single Acting Hydraulic Cylinders
Piston Seal
Piston
Rod
Extension
Retraction
Barrel
Port
Push Action
Oil to extend Return by External Force
(e.g. Gravity)
Graphic Symbol
(P&ID Symbol)

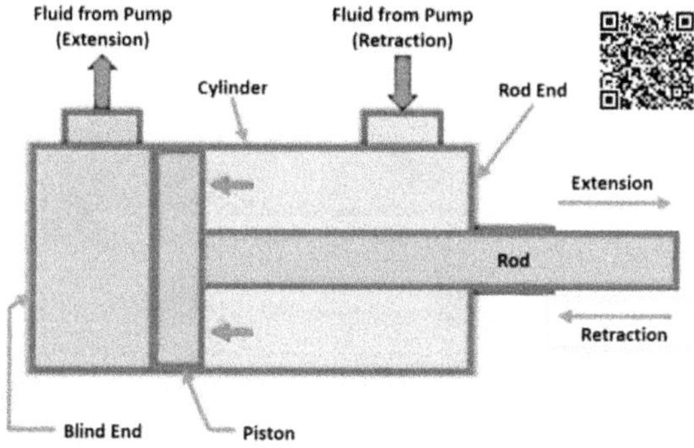
Double Acting, Single ended Cylinder
Fluid from Pump
(Extension)
Fluid from Pump
(Retraction)
Cylinder
Rod End
Extension
Rod
Retraction
Blind End
Piston

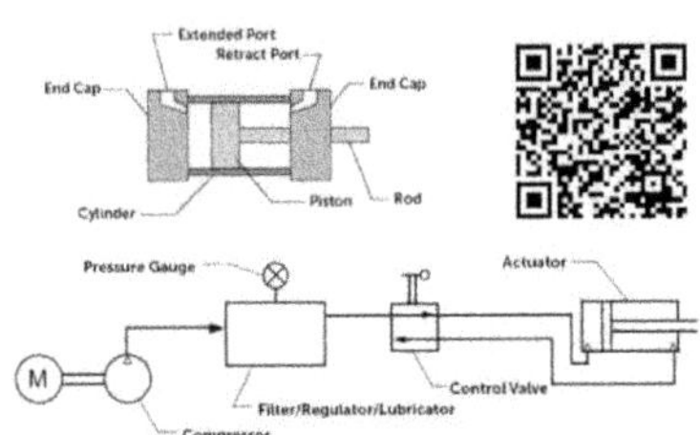

Pneumatic Cylinder System

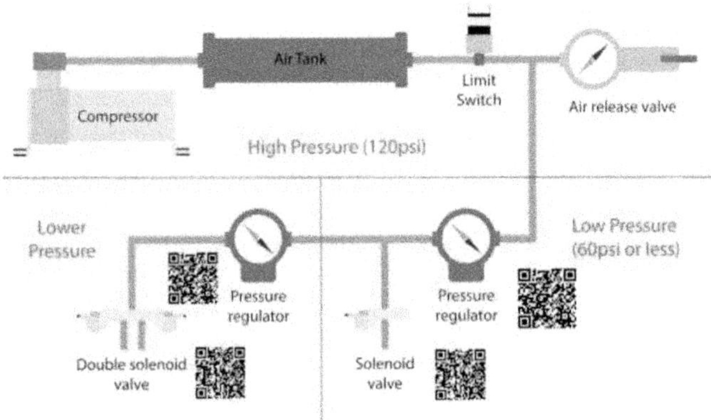

Pneumatic directional valves

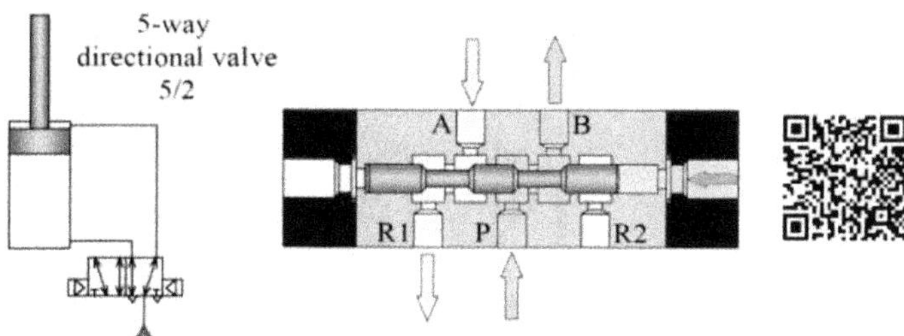

2

ड्राफ्ट्समैन मैकेनिकल द्वितीय वर्ष हिंन्दी MCQ

1] ऑटोकैड सॉफ्टवेयर का नवीनतम संस्करण कौन सा है?

ए) 2016

बी) 2017

सी) 2018

डी) 2019

2] ऑटोकैड में गुण पैलेट प्राप्त करने के लिए किस कुंजी का उपयोग किया जाता है?

a) नियंत्रण+1

b) नियंत्रण+2

c) नियंत्रण+3

d) नियंत्रण+4

3] ऑटोकैड पहली बार वर्ष में जारी किया गया था:

ए) 1858

बी) 1966

सी) 1898

डी) 1982

4] ऑटोकैड में कितनी इकाइयाँ उपलब्ध हैं?

ए) 4

बी) 5

सी) 7

डी) 6

5] कौन सा मोड उपयोगकर्ता को 90 ° सीधी रेखाएँ खींचने की अनुमति देता है:

a) ओसनैप

b) <u>ऑर्थो</u>

c) लीनियर

d) पोलर ट्रैकिंग

6] समानांतर रेखाएं, संकेंद्रित वृत्त और समानांतर वक्र प्राप्त करने के लिए; __________ प्रयोग किया जाता है।

ए) ऐरे

बी) पट्टिका

सी) कॉपी

डी) <u>ऑफ़सेट</u>

7] X और Y दोनों दिशाओं में डिफ़ॉल्ट ग्रिड रिक्ति है:

a) <u>10</u>

b) 20

c) 5

d) 15

8] ऑटोकैड में कितने कार्यक्षेत्र उपलब्ध हैं?

ए) 2

बी) 4

सी) <u>3</u>

डी) 5

9] स्केल कमांड को टाइप करके आसानी से एक्सेस किया जा सकता है:

ए) एसएल

बी) एस

सी) एससी

डी) <u>सी</u>

10] वस्तु को पूर्वनिर्धारित लंबाई वाले खंडों में विभाजित करने के लिए किस कमांड का उपयोग किया जाता है?

ए) डिवाइड

बी) चम्फर

सी) ट्रिम

डी) <u>उपाय</u>

447] एक सर्कल में कितने ग्रिप पॉइंट होते हैं?

ए) <u>5</u>

बी) 4

सी) 3

डी) 2

448] 2डी में ड्राइंग करते समय, आप किस अक्ष के साथ काम नहीं करते हैं?

ए] एक्स

द्वारा

सी] ज़ू

डी] डब्ल्यूसीएस

449] मॉडल टैब और लेआउट टैब के बीच प्राथमिक अंतर _____ है।

ए] मॉडल टैब का उपयोग 3डी में ड्राइंग के लिए किया जाता है और लेआउट का उपयोग 2डी में ड्राइंग के लिए किया जाता है

बी] <u>मॉडल टैब वह जगह है जहां आप ड्राइंग बनाते हैं और एक लेआउट टैब उस शीट का प्रतिनिधित्व करता है जिसे आप प्लॉट या प्रिंट करेंगे</u>

सी] पृष्ठभूमि का रंग

डी] मॉडल टैब उस ड्राइंग को प्रदर्शित करता है जिससे आप कॉपी कर रहे हैं और लेआउट टैब वह जगह है जहां आप नई ड्राइंग बनाते हैं

450] निम्न में से कौन किसी वस्तु का गुण नहीं है

ए] लाइन वजन

बी] <u>उपाय</u>

सी] हाइपरलिंक

डी] ऊंचाई

451] कौन सी कमांड असतत वस्तुओं को पॉलीलाइन में परिवर्तित करती है

यूनियन

बी] घटाना

सी] शामिल हों

डी] पॉलीलाइन

452] पूरे प्रोजेक्ट को प्रिंट करने के लिए, आप यह तय करना चाहेंगे कि क्या प्लॉट करना है

एक प्रदर्शन

बी] फैलता है

सी] <u>सीमाएं</u>

डी] खिड़की

453] व्यूपोर्ट्स की उपयोगिता क्या है

ए] <u>हमें स्क्रीन या कागज पर एक ही परियोजना के विभिन्न विचारों को देखने की अनुमति देता है</u>

बी] हमें यह देखने की क्षमता दें कि परियोजनाएं हमारे से ऑटोकैड का एक नया संस्करण बन गई हैं

सी] हम योजना के एक हिस्से में बदलाव कर सकते हैं, बाकी को प्रभावित किए बिना

डी] उपरोक्त में से कोई नहीं

454] ज़ूम कमांड से स्केल कमांड में क्या अंतर है?

ए] एकल वस्तु के लिए स्केल, जबकि ज़ूम पूरी योजना

बी] कोई फर्क नहीं

सी] एच स्केल एक आकार को 10 गुना तक बढ़ा / छोटा कर सकता है, जबकि ज़ूम की कोई सीमा नहीं है

डी] <u>एच स्केल वस्तुओं के आकार को बदलता है, जबकि ज़ूम परियोजना की दृश्यता को बदलता है</u>

455] ब्लॉक एट्रिब्यूट को कब ठीक करना है

ए] <u>इससे पहले कि आप ब्लॉक को ठीक करें</u>

बी] जब मैं ब्लॉक करता हूं

सी] ब्लॉक को ठीक करने के बाद

डी] कोई फर्क नहीं पड़ता संख्या

456] आप ऑफसेट कमांड से क्या नहीं बना सकते हैं

ए] <u>लंबवत सीधा</u>

बी] संकेंद्रित वृत्त

C] तीन समानांतर रेखाएं

डी] समानांतर चाप

457] स्नैप बिंदु को निकटतम बिंदु पर किस प्रतीक द्वारा दर्शाता है

ए] केंद्र में मंडलियों और बिंदुओं के साथ

बी] दो त्रिकोण के साथ

सी] <u>तीन ऑर्थोगोनल के साथ</u>

डी] डायमंड के साथ

458] परिप्रेक्ष्य डिजाइन करने के लिए किस राज्य ग्रिड का उपयोग किया जाता है

ए] पैरामीट्रिक

बी] <u>आइसोमेट्रिक</u>

सी] प्रो-ऑप्टिक

डी] आयताकार

459] यदि मैं दिशा में एक रेखा खींचना चाहता हूँ तो 07:30 (स्थानीय समय) एक कोण देगा

ए] <u>-135 डिग्री</u>

बी] 270 डिग्री

सी] -225 डिग्री

डी] उपरोक्त में से कोई नहीं

460] जब निरपेक्ष कार्तीय निर्देशांक में बिंदु A (10.8) और B (6.5) हों, तो A -> B से सापेक्ष ध्रुवीय निर्देशांक के साथ एक रेखा बनाने के लिए लिखेंगे

ए] @ -5 <36.88

बी] @ 4 <30

सी] @ 5 <216,88

डी] @ 3 <60

461] एक ड्राइंग में परतों की न्यूनतम स्वीकार्य संख्या क्या है

ए] 0

बी] 5

सी] 1

डी] 2

462] निम्नलिखित में से कौन ऑटोकैड का कीबोर्ड शॉर्टकट नहीं है?

ए] Ctrl + पी

बी] Alt + F4

सी] Ctrl + F4

डी] ऑल्ट + बी

463] आरजीबी में हमारे पास 16,7 एम रंग क्यों हैं?

ए] क्योंकि इसलिए कोई मनुष्य को अलग कर सकता है

बी] चूंकि यह ग्राफिक्स कार्ड की सीमा है

सी] प्रत्येक रंग के लिए हमारे पास 256 रंगों और रंगों का संयोजन तीसरा है

D] क्योंकि हम PC और Macintosh के बीच संगतता चाहते हैं

464] कौन सा सेटिंग ग्रेडिएंट हमें एक खुले क्षेत्र को भरने की अनुमति देता है?

एक अन्तराल

बी] सहिष्णुता

सी] पारदर्शिता

डी] ओपन

465] बाएं से दाएं और विपरीत दिशा में विभिन्न विकल्प क्या हैं?

ए] वस्तुओं की एक अलग श्रेणी चुनें

बी] उनके रंग के अनुसार वस्तुओं का चयन करें

C] वस्तुओं का चयन उनकी स्थिति के अनुसार करें

डी] कोई अंतर नहीं

466] जूम माउस व्हील से संबंधित कौन सा है?

ए] ज़ूम इन / ज़ूम आउट

बी] पैन और स्कैन

सी] विस्तार / सभी

डी] स्केल

467] कौन सा आदेश हमें किसी स्थिति के आधार पर वस्तुओं का चयन करने की अनुमति देता है?

ए] गुण

बी] क्यूसेलेक्ट

सी] चयन करें

डी] गुण

468] एक्स अक्ष से 40 डिग्री के कोण के साथ एक यादृच्छिक रेखा कैसे बनाएं

ए] 0 <40 . लिखेंगे

बी] 2 <40 . लिखेंगे

सी] लिखेंगे 3<40

डी] 4 <40 . लिखेंगे

469] निम्न में से कौन सा फ़ाइल एक्सटेंशन ऑटोकैड नहीं खोल सकता है

ए] डीडब्ल्यूजी

बी] डीएक्सएफ

सी] डॉट

डी] डीएस

470] साइट के आयामों को मापने के लिए हेडबैंड वाला एक सर्वेक्षक, वह किसके द्वारा माप करता है

ए] कोई एक तरीका नहीं

बी] संबंधित कार्टेशियन निर्देशांक

सी] पूर्ण ध्रुवीय निर्देशांक

डी] उपरोक्त में से कोई नहीं

471] प्लाजियोस्टोमी कोण के लिए किस कमांड का उपयोग किया जाता है?

ए] चम्फर

बी] पट्टिका

सी] ऑफसेट

डी] मिरर

472] मुझे ब्लॉक एडिटर का उपयोग कब करना चाहिए

ए] टेक्स्ट ब्लॉक लिखने के लिए

बी] बाहरी ब्लॉक को ठीक करने के लिए

सी] गतिशील ब्लॉक को ठीक करने के लिए

डी] इसे ऑटोकैड के दूसरे संस्करण में स्टोर करने के लिए

473] अगर ऑटोकैड 2006 में स्टोर खोलने की योजना है तो आपको इसे सेव करना होगा

ए] ऑटोकैड 2004 डीडब्ल्यूजी

बी] ऑटोकैड 2006 डीडब्ल्यूजी

सी] ऑटोकैड 2007 डीडब्ल्यूजी

डी] उपरोक्त में से कोई नहीं

474] प्रिंट स्केल 1:50 का अर्थ है कि

ए] मसौदा मूल की तुलना में 50 गुना कम खर्चीला है

बी] ए 3 सेमी आधा मीटर के अनुरूप है

सी] एक उपाय 50 सेमी . के अनुरूप है

डी] उपरोक्त में से कोई नहीं

475] अक्षर UCS क्या करते हैं?

ए] यूनिफ़ॉर्म कैलकुलेटर सिस्टम

बी] यूनाइटेड सीएडी सिस्टम

सी] यूनिवर्सल सीएडी सेटिंग्स

डी] यूनिवर्सल कोऑर्डिनेट सिस्टम

476] दो नियमित 8-गोनन का क्या अंतर है, जो एक खुदा हुआ और दूसरा परिबद्ध वृत्त है

ए] कोई अंतर नहीं

बी] विभिन्न उद्घाटन कोण

सी] अलग पक्ष लंबाई

डी] विभिन्न भीड़ पक्ष

477] यदि सीसीडब्ल्यू माप परिणाम के दौरान 135 डिग्री का कोण देता है, तो वही सीडब्ल्यू कोण मापा जाता है

ए] 225 डिग्री

बी] -135 डिग्री

सी] -225 डिग्री

डी] 135 डिग्री

478] साहचर्य हैच क्या करता है

ए] आकार में परिवर्तन की निगरानी करता है जो भरता है

बी] अन्य हैच योजना से संबंधित है

सी] उपरोक्त दोनों

डी] उपरोक्त में से कोई नहीं

479] कमांड प्लॉट और प्रिंट में क्या अंतर है?
   ए] प्लॉट कमांड केवल बड़ी योजनाओं को प्रिंट करता है
   बी] सीएनसी (सीएएम) के लिए प्लॉट कमांड
   सी] कोई फर्क नहीं
   D] प्रिंट कमांड A3 साइज के पेपर तक प्रिंट कर सकता है

480] यदि आप पैमाने सूची को एक परियोजना में बदलते हैं जिसे मैंने 1:50 1:10 से शुरू किया है तो
   ए] आपको फिर से शुरू करना होगा
   बी] आपको पहले से मौजूद वस्तुओं (पैमाने) को 5 . तक नहीं बढ़ाना चाहिए
   सी] अब तक की कार्यप्रणाली में आपको कुछ भी बदलने की आवश्यकता नहीं होगी
   डी] को नए आइटम में परिवर्तित किया जाना चाहिए जो नए पैमाने के आधार पर जुड़ जाएगा

481] निम्नलिखित में से कौन लंबाई माप की इकाई नहीं है?
   ए] गज
   बी] पारसेक
   सी] माइक्रोन
   डी] ग्रेड

482] कमांड Wblock क्या करता है
   ए] ताना-गति ब्लॉक
   बी] ब्लॉक लिखें
   सी] विंडो ब्लॉक
   डी] वाइड-एरिया ब्लॉक

483] जब आप ऑटोकैड कमांड के साथ काम कर रहे हों तो आपको कहां ध्यान देना चाहिए?
   ए] ड्राइंग क्षेत्र
   बी] स्टेटस बार
   सी] टूल बार
   डी] कमांड विंडो

484] ध्रुवीय निर्देशांकों का उपयोग ज्यादातर ड्राइंग के लिए किया जाता है______

ए] आर्क
बी] अंडाकार
सी] कोणीय रेखाएं
डी] उपरोक्त में से कोई नहीं

485] एक वस्तु में कितने स्नैप अंक होते हैं?
ए] 1
बी 4
सी] 5
डी] वस्तु पर निर्भर

486] आयत कमांड के लिए आपको कितने बिंदुओं को परिभाषित करने की आवश्यकता है?
एक
बी] दो
सी] तीन
डी] चार
487] एक आयत में कितने ऑटोकैड ऑब्जेक्ट होते हैं?
ए] एक
बी] दो
सी] तीन
डी] चार

488] जब आप वस्तुओं के समूह का चयन कर रहे हों तो आप किसी वस्तु का चयन कैसे रद्द करेंगे?
ए] Ctrl+ हटाए जाने वाले ऑब्जेक्ट पर क्लिक करें
बी] शिफ्ट + हटाए जाने वाली वस्तु पर क्लिक करें
सी] Alt + हटाए जाने वाली वस्तु पर क्लिक करें
डी] उपरोक्त में से कोई नहीं

489] 0,5 से 5,5 तक की रेखा कितनी लंबी होगी ________
ए] 10 इकाइयां
बी] 5 इकाइयां
सी] 15 इकाइयां
डी] उपरोक्त में से कोई नहीं
490] वस्तुओं को के चारों ओर घुमाया जाता है

ए] वस्तु के नीचे
बी] आधार बिंदु
सी] वस्तु का केंद्र
डी] उत्पत्ति
491] एक ड्राइंग की उत्पत्ति at . है
ए] 0,0
बी] 1,0
सी] 0,1
डी] 1,1
492] आप एक ड्राइंग में वस्तुओं के सेट का चयन कैसे करेंगे?
ए] दाएं से बाएं खींची गई एक क्रॉसिंग विंडो द्वारा
बी] बाएं से दाएं खींची गई एक क्रॉसिंग विंडो द्वारा
सी] शिफ्ट + ऑब्जेक्ट्स पर क्लिक करना
डी] उपरोक्त में से कोई नहीं
493] फिलेट कमांड का उपयोग __________ प्राप्त करने के लिए किया जा सकता है
ए] तेज कोनों
बी] गोल कोनों
सी] उपरोक्त दोनों
डी] उपरोक्त में से कोई नहीं
494] एक ध्रुवीय सरणी नई वस्तुओं का निर्माण करती है_____
ए] ग्रिड पैटर्न में
बी] एक गोलाकार पैटर्न में
सी] एक सीधी रेखा में
D| उपरोक्त सभी
495] एक ड्राइंग में कितनी परतें होनी चाहिए?
ए] 1
बी] 2
सी] जितनी जटिलता के आधार पर
डी] उपरोक्त में से कोई नहीं
496] स्केलिंग ऑब्जेक्ट उन्हें _______ बनाते हैं
ए] छोटा
बी] बड़ा
सी] या तो छोटा या बड़ा
डी] उपरोक्त में से कोई नहीं

1 Auto CAD में रेखा खींचने के लिए आप किस कमांड पर क्लिक करते हैं

एक क्षेत्र में

बी लाइन

सी आर्क

डी पूर्ववत करें

उत्तर- बी

2 किस मेनू बार से आपको 'लाइन' कमांड मिलती है

एक लेआउट

बी संशोधित

सी ड्रा

डी डालें

उत्तर- सी

4 दो छोरों के आधार पर वृत्त बनाने के लिए आपको कमांड का कौन सा विकल्प चुनना होगा?

व्यास के बिंदु

ए 2पी

बी 3पी

सी टीटीआर केंद्र

डी त्रिज्या

उत्तर- ए

5 मंडली का उपयोग करने के लिए आप कौन सा कीस्ट्रोक टाइप करते हैं

आज्ञा

एक सीओ

ईसा पूर्व

सीओ

डेली

उत्तर- बी

7 आर्क कमांड में 'SER' से आपका क्या तात्पर्य है?

एक प्रारंभ अंत त्रिज्या

बी स्टार्ट एंड राउंड

सी आसान त्रिज्या शुरू करें

डी दूसरा छोर त्रिज्या

उत्तर- ए

10 ऑटो CAD में किस मेनू बार ने इरेज़ कमांड दिया है

गैर नतीजा

बी संशोधित

सी परत

डी सेटिंग

उत्तर- बी

11 इरेज़ कमांड के लिए कीस्ट्रोक क्या है

ऑटोकैड

एक ईआरओ

होना

सी ES

डी ईएलई

उत्तर- बी

13 'पूर्ववत करें' के लिए शॉर्टकट कुंजी क्या है

ऑटो सीएडी में कमांड

एक Ctrl + R

बी Ctrl + Z

सी Ctrl + वी

डी Ctrl + सी

उत्तर- बी

14 किस मेनू टैब में undo कमांड है

ऑटोकैड

गैर नतीजा

बी संशोधित

सी संपादित करें

डी न्यू

उत्तर- सी

15 पूर्ववत करने का वैकल्पिक आदेश क्या है

करेंगे

बी मिटा

सी हटाएं

डी डॉट

उत्तर- ए

16 आप किस मेनू टैब से 'ब्रेक' पाते हैं

ऑटो सीएडी में कमांड

गैर नतीजा

बी संपादित करें

सी परत

डी संशोधित

उत्तर- डी

17 ब्रेक कमांड के लिए कीस्ट्रोक क्या है

अब

बी बीआर

सी बी एस

डी EX

उत्तर- बी

18 हम ऑटो में 'ब्रेक' कमांड का प्रयोग क्यों करते हैं?

पाजी

A वस्तु को मिटाने के लिए

B वस्तु को दो भागों में विभाजित करने के लिए

सी वस्तु भाग का विस्तार करने के लिए

डी चयनित भाग को ट्रिम करने के लिए

उत्तर- बी

2 आप किस टूलबार में 'मूव' पाते हैं

ऑटो सीएडी में कमांड

गैर नतीजा

बी न्यू

सी संशोधित

डी संपादित करें

उत्तर- सी

3 'कॉपी' कमांड के लिए कीस्ट्रोक क्या है

ऑटोकैड में

एक CY

बी सीसी

सीसी

डी सीओ ''

उत्तर- डी

4 AutoCAD में 'Copy' कमांड का अनुप्रयोग क्या है?

लक्ष्य बिंदुओं पर समान वस्तुओं का गुणन।

बी वस्तु का विस्तार करें
सी वस्तु ले जाएँ
डी आदेश की पुनरावृत्ति।
उत्तर- ए
AutoCAD में 5 'Trim' कमांड की आवश्यकता होती है
_______ वस्तु
एक चित्रकारी
बी संशोधित
सी व्याख्या
डी स्वरूपण
उत्तर- बी
6 'Trim' की शॉर्टकट कुंजी क्या है
आज्ञा
एक TR
बी टी पी
सी टीटी
डी टीके
उत्तर- ए
7 Auto में 'Trim' कमांड का सिंबल क्या होता है?
पाजी
सीएडी '' सी 1
8 आप किस कमांड का उपयोग ड्रा करने के लिए करते हैं
विशिष्ट दूरी में समानांतर रेखा
लाइन ऑफ़सेट कॉपी मूव
उत्तर- बी
9 फ़िललेट कमांड क्या है
तेज धार को गोल करना
बी तेज धार काटना
सी कोने के किनारे को तोड़ो
डी किनारे बढ़ाएँ
उत्तर- ए
10 'Fillet' कमांड की शॉर्टकट कुंजी क्या है?
एसी
बी बी

सीएफ़
डेली
उत्तर- सी
11 किस ड्रॉप डाउन मेनू में 'Fillet' कमांड होता है
एक टिप्पणी
बी पैरामीट्रिक
सी संशोधित
डी व्यू
उत्तर- सी
12 'चम्फर' का कमांड प्रॉम्प्ट क्या है
ए एफ
बी चाओ
सी एक्स
डेली
उत्तर- बी
13 आप 'चम्फर' कमांड का उपयोग क्यों करते हैं
ए तेज कोने को बेवल करने के लिए
बी लाइन तोड़ने के लिए
C दो कोनों की त्रिज्या के लिए
डी दो कोनों को ट्रिम करने के लिए
उत्तर- ए
15 'रोटेट' का कमांड प्रॉम्प्ट क्या है
हैं
भाई
करोड़
डी एक्सआर
उत्तर- बी
16 'Scale' का शॉर्टकट कमांड क्या है
एक अनुसूचित जाति
बी ० ए
सीबी
डी एस
उत्तर- ए
17 किसी भी ड्राइंग को बड़ा करने के लिए आप किस कमांड का प्रयोग करते हैं

एक नक़ल
बी स्केल
सी मिटा
डी रोटेट
उत्तर- बी
18 दिए गए प्रतीक द्वारा किस कमांड का प्रतिनिधित्व किया जाता है
एक आयत
बी ऑफसेट
सी स्केल
डी कॉपी
उत्तर- सी
2 इन्सर्टब्लॉक के लिए किस कमांड प्रॉम्प्ट का उपयोग किया जाता है
ए जे
द्वि
क्लोरीन
डीसी
उत्तर- बी
3 ब्लॉक के लिए I/Block का मूल उपयोग क्या है
ए पुन: प्रयोज्य सामग्री के लिए
बी सामग्री को फिर से बनाने के लिए
सी वस्तु बनाने के लिए
डी सामग्री संपादित करने के लिए
उत्तर- ए
4 किस मेनू बार में ब्लॉक कमांड होता है
एक सम्मिलित करें
बी ड्रा
सी संशोधित
डी आयाम
उत्तर- ए
5 ब्लॉक कमांड बनाने के लिए शॉर्टकट की क्या है?
ऐ
बी बी
सीसी
डेली

उत्तर- बी

6 ब्लॉक बनाने के लिए आवश्यक वस्तु बनाने के बाद किस कमांड का उपयोग किया जाता है

एक दर्पण

बी ब्लॉक

सी कॉपी

डी सरणी

उत्तर- बी

7 किस कमांड पैनल में 'हैच' कमांड होता है

एक सम्मिलित ब्लॉक

बी ड्रा

सी परत

डी संशोधित

उत्तर- बी

8 'हैच' कमांड का शॉर्टकट क्या है?

अब

द्विव

चौधरी

डीएम

उत्तर- सी

9 'हैच' कमांड का क्या उपयोग है

ए एकाधिक वस्तु बनाने के लिए

बी एक पैटर्न के साथ एक संलग्न क्षेत्र को भरने के लिए

सी नई करीबी वस्तु बनाने के लिए

D वस्तु को विभाजित करने के लिए

उत्तर- बी

11 आप किस कमांड विंडो में ग्रेडिएंट ढूंढते हैं

एक ब्लॉक

बी हैच

सी सर्कल

डी सरणी

उत्तर- बी

13 Auto CAD में एरे कमांड का प्रयोग क्या है?

आयताकार या वृत्ताकार पैटर्न में चयनित वस्तु की वितरित प्रतियां

B विक्षेपित वस्तु बनाने के लिए

सी वस्तु को अनियमित रूप में कॉपी करने के लिए

D बिखरा हुआ दर्पण प्रतिबिम्ब बनाने के लिए

ए 2

14 Auto CAD में कितने प्रकार के array कमांड होते हैं

ए 3

बी 2

सी 1

डी 4

उत्तर- सी

15 ध्रुवीय सरणी क्या है

A किसी वस्तु की कई प्रतियाँ वृत्ताकार पैटर्न में बनाने के लिए

B किसी वस्तु को वृत्ताकार पैटर्न में खींचने के लिए

सी किसी वस्तु को पकड़ने के लिए

D किसी वस्तु को स्थानांतरित करने के लिए

उत्तर- ए

16 किस कमांड पैनल में एरे कमांड होता है

एक संशोधन

बी ड्रा

सी आयाम

डी प्रारूपण सेटिंग

उत्तर- ए

17 एरे कमांड का उपयोग करने का मुख्य लाभ क्या है

ए यह आपको वस्तुओं को एक निश्चित कोण में कॉपी करने की अनुमति देता है और कॉपी की सटीक संख्या

बी वस्तु को बड़ा करने के लिए

सी वस्तु की सीमा को घेरने के लिए

D वस्तु का दर्पण प्रतिबिम्ब बनाने के लिए

उत्तर- ए

18 एरे कमांड का शॉर्टकट क्या है

आ

छड़

सीबी

डीसी

उत्तर- बी

1 AutoCAD में एक टेम्पलेट क्या है

AA फ़ाइल जो पहले से ही विशिष्ट एप्लिकेशन के लिए सेटअप है

बीए फ़ाइल में विभिन्न प्रकार के आंकड़े होते हैं

समान वस्तु बनाने के लिए CA कमांड

ब्लॉक बनाने के लिए डीए कमांड

उत्तर- ए

2 एक चयनित टेम्पलेट फ़ाइल ऑटो सीएडी में खुलती है________

एक मॉडल स्थान

बी लेआउट स्पेस

सी कार्य स्थान

डी स्पेस

उत्तर- बी

3 टेम्प्लेट खोलने के लिए किस कमांड का उपयोग किया जाता है

एक नया

बी ओपन

सी डालें

डी प्रारूप

उत्तर- ए

4 नई परत बनाने के लिए आप कहां क्लिक करते हैं

एक परत गुण

बी ब्लॉक

सी स्केल

डी सर्कल

उत्तर- ए

5 परतें कैसे मदद करती हैं

एक परत कई वस्तुएँ बनाती है

बी परत समान वस्तुओं का निर्माण करती है

सी परतें वस्तुओं के समूह के गुणों को आसान नियंत्रण और संपादित करने की अनुमति देती हैं

डी परत ब्लॉक वस्तु बनाता है

उत्तर- सी

6 किस पुल डाउन मेनू में परत होती है

एक प्रारूप

बी ड्रा

सी एनोटेशन

डी हेल्प

उत्तर- ए

7 निम्न में से लेयर डायलॉग बॉक्स में आप क्या पाते हैं?

पैमाना

बी लाइन प्रकार

सी कॉपी

डी विस्थापन

उत्तर- बी

8 परत संवाद में स्क्रीन से परत गायब करने के लिए आपको किस चिह्न पर क्लिक करना चाहिए

डिब्बा

ए ऑन फ्रीज साइन

बी बल्ब पर

सी लॉक साइन पर

डी बॉक्स साइन पर

उत्तर- बी

9 लेयर का शॉर्टकट कमांड क्या है

एक ला

बी एल1

क्लोरीन

डी लो

उत्तर- ए

10 'DIMALINIER' कमांड से आपका क्या तात्पर्य है?

ए रैखिक आयाम खींचने के लिए

B एक संरेखित आयाम बनाने के लिए

सी व्यास सर्कल के लिए आयाम आकर्षित करने के लिए

डी कोणीय आयाम खींचने के लिए

उत्तर- ए

12 वृत्तों या चापों की त्रिज्या के लिए आयाम का आदेश क्या है

एक नेता

बी डिमेडिट

सी डिमरादियुस

डी डिमडियामीटर

उत्तर- सी

13 स्वयं के आयाम शैली को करने के लिए किस कमांड का उपयोग किया जाता है

एक डायमडिट

बी डिमस्टाइल

सी डिम

डी कोणीय डिमिरियस

उत्तर- बी

16 इनमें से कौन सा विकल्प पैलेट मॉडिफाई डाइमेंशन स्टाइल डायलॉग बॉक्स में पाया जाता है?

एक प्राथमिक इकाइयाँ

बी ध्रुवीय ट्रैकिंग

सी परत द्वारा

डी प्रारूप

उत्तर- ए

17 नई आयाम शैली बनाने के लिए कमांड प्रॉम्प्ट क्या होगा

एक डीडीआईएम

बी डिमेडिट

सी QLEADER

डी मंद त्रिज्या

उत्तर- ए

1 3D से आपका क्या तात्पर्य है

एक चार आयाम

बी तीन आयाम

सी दो आयाम

डी एक आयाम

उत्तर- बी

2 3डी का क्या फायदा है

ए डिजाइन में आकार कम करने में मदद करता है

बी आपको डिजाइन की अवधारणा बनाने में मदद करता है

सी डिजाइन में काम संपादित करने में मदद करता है

डी ड्राइंग को प्रिंट करने में मदद करता है

उत्तर- बी

3 आप 3डी ड्राइंग वातावरण के लिए ऑटो सीएडी विंडो पर किस टूलबार पर क्लिक करते हैं?

गैर नतीजा

बी संशोधित

सी कार्यक्षेत्र

डी प्रारूप

उत्तर- सी

4 किस कमांड पैनल / रिबन में 3D मॉडलिंग ड्राइंग स्पेस में 3D प्रिमिटिव होते हैं

घर

बी सॉलिड

सी डालें

डी व्यू

उत्तर- बी

6 इन विकल्पों में से कौन सा 3D प्रिमिटिव कमांड है

एक लाइन

बी बहुभुज

सी सर्कल

डी कोन

उत्तर- डी

7 Extrude कमांड का शॉर्टकट क्या है

एक EX

होना

सी अतिरिक्त

डी ईडी

उत्तर- सी

8 एक्सट्रूज़न की ऊँचाई किस दिशा में मापी जाती है

कुल्हाड़ी दिशा

दिशा द्वारा

सीजेड दिशा

डी एक्सजेड दिशा

उत्तर- सी

9 रिवॉल्व कमांड का शॉर्टकट क्या है

एआर

बी आरई

सी रेव
डी आरईसी
उत्तर- सी
10 रिवॉल्व कमांड का प्रयोग क्यों किया जाता है
ए एक ठोस मॉडल बनाने के लिए
B 2D ऑब्जेक्ट बनाने के लिए
सी वस्तु को घुमाने के लिए
डी वस्तु को स्थानांतरित करने के लिए
उत्तर- ए
11 यूसीएस का पूर्ण रूप क्या है
यूनिवर्सल कोऑर्डिनेट सिस्टम
समन्वय प्रणाली का प्रयोग करें
सामान्य समन्वय प्रणाली
संघ समन्वय प्रणाली
उत्तर- बी
12 यूसीएस का डिफ़ॉल्ट मूल है
एक दुनिया
बी करंट
सी यूनिवर्सल
डी लोकल
उत्तर- ए
13 आप किस कमांड पैनल में 3D रोटेट पाते हैं
एक संशोधन
बी ड्रा
सी प्रारूप
डी डालें
उत्तर- ए
14 3D रोटेट कमांड का क्या उपयोग है
A 3D ऑब्जेक्ट को घुमाने में मदद करता है
B 3D ऑब्जेक्ट को कॉपी करने में मदद करता है
C 3D ऑब्जेक्ट को खींचने में मदद करता है
D 3D ऑब्जेक्ट को संरेखित करने में मदद करता है
उत्तर- ए
15 Auto CAD विंडो में कौन सा रिबन प्लॉट कमांड के साथ संयुक्त होता है

घर

बी आउटपुट

सी लेआउट

डी व्यू

उत्तर- बी

16 प्रिंट कमांड का शॉर्टकट क्या है

एक Ctrl + X

बी Ctrl + सी

सी Ctrl + पी

डी Ctrl + एफ

उत्तर- सी

17 पूर्ण पूर्वावलोकन क्या है

प्लॉट सेटिंग के बाद प्रिंट का पूर्वावलोकन करें

बी भागों ड्राइंग का पूर्वावलोकन

सी वस्तु को ठीक से खींचना

डी पूरी तरह से प्रिंट ड्राइंग

उत्तर- ए

18 किस कमांड डायलॉग बॉक्स में प्रीव्यू कमांड है

एक साजिश

बी प्रारूपण सेटिंग

सी ड्राइंग इकाइयां

डी प्लॉटर मैनेजर

उत्तर- ए

1 निम्न में से किस ड्राइव का प्रयोग बिना पर्ची के शक्ति संचारित करने के लिए किया जाता है

एक बेल्ट ड्राइव

बी चेन ड्राइव

सी रस्सी ड्राइव

डी जोकी चरखी

उत्तर- बी

2 निम्नलिखित में से किसका उपयोग चेन ड्राइव के लिए किया जाता है

एक प्रेरणा गियर

बी आइडलर गियर

सी स्प्राकेट्स

डी वर्म गियर

उत्तर- सी

3 रुई की रस्सी का व्यास कितना होगा

5 मिमी से 10 मिमी

70 मिमी से 80 मिमी

25 मिमी से 50 मिमी 10 मिमी से 20 मिमी

उत्तर- सी

4 स्पीड कोन पुली का दूसरा नाम क्या है?

एक निर्मित चरखी

बी स्टेप्ड चरखी

सी सीआई चरखी

डीवी बेल्ट चरखी

उत्तर- बी

5 चरखी की ताजपोशी क्यों की जाती है

ए से अधिक स्टाइलिश बनाने के लिए

बी बेल्ट के फिसलने से बचने के लिए

सी चरखी को और अधिक सुखद बनाने के लिए

D चरखी को हल्का वजन बनाने के लिए

उत्तर- बी

6 चरखी की सामग्री क्या है

एक सीआई

बी प्लास्टिक

सी लाथेर

डी फैब्रिक

उत्तर- ए

7 'वी' खांचे का चरखी पर क्या प्रभाव पड़ता है

ए 'वी' बेल्ट की नो फ्रिक्शन ग्रिप

बी 'वी' बेल्ट की घर्षण पकड़ बढ़ाने के लिए

सी 'वी' बेल्ट की घर्षण पकड़ को कम करने के लिए

डी 'वी' बेल्ट की कम घर्षण पकड़

उत्तर- बी

8 'वी' बेल्ट की सामग्री क्या है

एक सीआई

बी कपड़ा और रबड़

सी कपास

डी स्टील

उत्तर- बी

9 'V' बेल्ट का सम्मिलित कोण क्या है?

एक 15°

बी 30 डिग्री

सी 40 डिग्री

डी 60 डिग्री

उत्तर- सी

10 समान व्यास की चरखी के साथ संपर्क के चाप का कोण क्या है

ए 120°

बी 180 डिग्री

सी 45 डिग्री

डी 30 डिग्री

उत्तर- बी

11 वह कौन सा कारक होगा जिस पर बेल्ट द्वारा विद्युत संचरण निर्भर करता है

दो पुलियों के बीच एक केंद्र की दूरी जिस पर बेल्ट गुजरती है

बी बेल्ट की चौड़ाई पर निर्भर करता है

सी चरखी का व्यास

डी बेल्ट की पर्ची

उत्तर- ए

12 एक बेल्ट ड्राइव में वेग अनुपात N2 / N1 के बराबर क्या होगा

एक d2 / d1

बी d2 / r1

सी d1 / d2

डी r2 / d1

उत्तर- सी

13 कम तनाव वाले बेल्ट ड्राइव में ऊपरी भाग के रूप में क्या जाना जाता है

एक सुस्त पक्ष

बी तंग पक्ष

सी ड्राइविंग दूरी

डी बेल्ट की पर्ची

उत्तर- ए

14 जॉकी चरखी के लिए बेल्ट पर फिट किया जाता है...

संपर्क के चाप में वृद्धि

बी रैपिंग कोण कम करें

सी आरपीएम बढ़ाएं

डी बेल्ट तनाव कम करें

उत्तर- ए

15 पुली में कितने मूल प्रकार होते हैं

ए 2

बी 3

सी 4

डी 5

उत्तर- डी

16 ओपन बेल्ट ड्राइव का क्या उपयोग है

A चालित चरखी को ड्राइविंग चरखी की समान दिशा में घुमाने के लिए

बी संचालित चरखी को ड्राइविंग चरखी की विपरीत दिशा में घुमाने के लिए

C भिन्न वेग प्राप्त करने के लिए

डी अधिकतम गति बनाए रखने के लिए

उत्तर- ए

17 एक शाफ्ट पर चरखी को मजबूती से लगाने की कितनी विधियाँ हैं?

ए 2

बी 3

सी 4

डी 5

उत्तर- बी

18 बेल्ट के स्थानीयकृत संचलन के परिणामस्वरूप लोचदार खिंचाव होता है जिसे ... के रूप में जाना जाता है

एक पर्ची

बी रेंगना

सी क्राउन

डी लैप

उत्तर- बी

1 किस प्रकार का पाइप जंग प्रतिरोधी और अधिक लचीला है

एक वाई पाइप

बी सीआई पाइप

सी प्लास्टिक पाइप

डी स्टील पाइप

उत्तर- सी

2 उच्च दबाव या उच्च तापमान के लिए किस प्रकार का पाइप इस्तेमाल किया जाता है

एक स्टील पाइप

बी गढ़ा लोहे का पाइप

सी प्लास्टिक पाइप

डी लीड पाइप

उत्तर- ए

3 किस प्रकार का पाइप आमतौर पर घरेलू उद्देश्य के लिए उपयोग किया जाता है जहां पाइप लाइन में बार-बार मुड़ा हुआ होता है।

एक कच्चा लोहा पाइप

बी गढ़ा लोहे का पाइप

सी स्टील पाइप

डी पीवीसी पाइप

उत्तर- डी

4 पाइप धागे का धागा कोण क्या है

एक 55°

बी 60 डिग्री

सी 47°

डी 29°

उत्तर- ए

5 तांबे और पीतल की नलियों को जोड़ने के लिए किस प्रक्रिया का उपयोग किया जाता है

एक वेल्डिंग

बी ब्रेजिंग या सोल्डरिंग

सी कपलिंग

डी स्पिगोट और सॉकेट संयुक्त

उत्तर- बी

6 सीआई पाइप के निर्माण के लिए किस प्रकार के लोहे का उपयोग किया जाता है

एक सफेद कच्चा लोहा

बी ग्रे कच्चा लोहा

सी नमनीय कच्चा लोहा

डी गढ़ा लोहा

उत्तर- बी

7 पाइप की लंबाई बढ़ाने के लिए किस फिटिंग का प्रयोग किया जाता है
एक सॉकेट
बी प्लग
सी निप्पल
डी क्रॉस
उत्तर- ए
8 जहां कोहनी की फिटिंग का इस्तेमाल किया जाता है
ए क्रॉस पर
बी एक कोण पर
सी सीधी रेखा पर
डी व्यास को कम करने के लिए प्रयुक्त
उत्तर- बी
9 पाइप के व्यास को कम करने के लिए किस प्रकार की पाइप फिटिंग का उपयोग किया जाता है
एक निप्पल
बी रेड्यूसर
सी युग्मक
डी टी
उत्तर- बी
10 पाइप फिटिंग में प्लग का उपयोग क्यों किया जाता है
A पाइप की लंबाई बदलने के लिए
बी अंत में एक पाइप बंद करने के लिए
सी 900 . पर शामिल होने के लिए
D पाइप के व्यास को कम करने के लिए
उत्तर- बी
11 पाइप की दिशा बदलने के लिए मानक धातु बेंड फिटिंग कौन सी है
एक 180°
बी 360°
सी 90 डिग्री
डी 40 डिग्री
उत्तर- ए
12 a को जोड़ने के लिए किस प्रकार की पाइप फिटिंग का उपयोग किया जाता है?
एक शाखा पाइप
बी प्लग टी

सी कोहनी
डी सॉकेट
उत्तर- बी

13 पीवीसी पाइप की सामग्री क्या है?
एक स्टील
बी प्लास्टिक
सी कॉपर
डी क्ले
उत्तर- बी

14 आमतौर पर पानी, भाप, तेल और गैस के लिए किस प्रकार के पाइप का उपयोग किया जाता है?
एक कॉपर या पीवीसी
बी स्टील या गढ़ा लोहे का पाइप
सी स्टील या पीवीसी
डी गढ़ा लोहा या तांबा
उत्तर- बी

16 आप यूनियन या फ्लैंग्ड यूनियन ज्वाइंट कहां देखेंगे
उच्च दबाव में ले जाने वाला तरल पदार्थ
बी आसान रखरखाव के लिए
सी कच्चा लोहा पाइप जोड़ना
डी बड़े व्यास पाइप कनेक्ट करें
उत्तर- बी

17 बड़े व्यास के पाइपों को जोड़ने के लिए कौन से पाइप जोड़ों का उपयोग किया जाता है
एक निकला हुआ किनारा जोड़ों
बी स्पिगोट और सॉकेट जोड़
सी हाइड्रोलिक पाइप जोड़
डी संघ जोड़ों
उत्तर- ए

18 उच्च दाब में तरल पदार्थ ले जाने के लिए किस प्रकार के पाइप जोड़ों का उपयोग किया जाता है?
एक विस्तार संयुक्त
बी हाइड्रोलिक पाइप संयुक्त
सी सॉकेट और स्पिगोट संयुक्त
डी निकला हुआ किनारा जोड़ों

उत्तर- बी

1 एक साथ जुड़े हुए गियर की संख्या को क्या कहते हैं

एक गियर सिस्टम

बी गियर ट्रेन

सी गियर लाइन

डी गियर नेटवर्क

उत्तर- बी

2 गियर में PCD का पूर्ण रूप क्या है

एक पिच सर्कल गहराई

बी पिच सर्कल व्यास

सी पिक सर्कल दीया

डी परिपत्र व्यास

उत्तर- बी

3 आमतौर पर कितने प्रकार के गियर दांत प्रोफाइल का उपयोग किया जाता है

ए 2

बी 3

सी 4

डी 5

उत्तर- ए

4 जिसे दाँतों के रिक्त स्थान के नीचे का व्यास कहा जाता है

एक पिच सर्कल व्यास

बी रूट व्यास

सी क्रेस्ट सर्कल व्यास

डी परिशिष्ट सर्कल व्यास

उत्तर- बी

5 गियर की जोड़ी में छोटे को क्या कहा जाता है

गियर

बी रैक

सी पिनियन

डी स्पर गियर

उत्तर- सी

6 किस प्रकार के गियर का उपयोग किया जाता है जबकि दो इंटरसेक्टिंग और को-प्लानर शाफ्ट गियर से जुड़े होते हैं

पेचदार गियर

गाड़ी का उपकरण

बेवल गियर

सर्पिल गियर

उत्तर- सी

7 अक्षीय जोर के साथ दो समानांतर शाफ्ट में शक्ति संचारित करने के लिए किस गियर का उपयोग किया जाता है

एक पेचदार गियर

बी बेवल गियर

सी स्पर गियर

डी सर्पिल गियर

उत्तर- ए

8 गियर में डीपी की परिभाषा क्या है

दांतों की संख्या का PCD से अनुपात

पीसीडी का बी अनुपात दांतों की संख्या से

सीपी से पीसीडी का सी अनुपात

दांतों की संख्या से CP का D अनुपात

उत्तर- ए

11 परिशिष्ट और समर्पण के योग को क्या कहते हैं?

एक कार्य गहराई

बी स्पैल चौड़ाई

सी पूरी गहराई

डी क्लीयरेंस

उत्तर- सी

12 डबल पेचदार गियर का सम्मिलित कोण क्या है

एक 900

बी 450

सी 1200

डी 600

उत्तर- सी

13 घूर्णन गति को रैखिक गति में बदलने के लिए किस प्रकार के गियर का उपयोग किया जाता है

एक रैक और पिनियन गियर

बी बेवल गियर्स

सी स्पर गियर्स

डी पेचदार गियर

उत्तर- ए

15 दो समानांतर शाफ्ट के बीच गति संचारित करने के लिए किस प्रकार के गियर की आवश्यकता होती है

एक बेवल गियर

बी स्पर गियर

दरार

डी वर्म गियर

उत्तर- बी

16 गैर प्रतिच्छेदन और लंबवत अक्षों के गियर ट्रांसमिशन का उदाहरण क्या है?

एक स्पर गियर

बी कृमि और कृमि पहिया

सी बेवल गियर

डी पेचदार गियर

उत्तर- बी

17 गियर ट्रेन क्या कहलाती है यदि पहले और अंतिम गियर की धुरी सह-अक्षीय है

एक साधारण गियर ट्रेन

बी कंपाउंड गियर ट्रेन

C रिवर्टेड गियर ट्रेन

डी एपिसिलिक गियर ट्रेन -

उत्तर- सी

18 किस गियर प्रोफाइल में अनंत पिच त्रिज्या है

एक बेवल गियर

बी स्पर गियर

दरार

डी वर्म गियर

उत्तर- सी

19 निम्नलिखित में से कौन सा अनुपात का है

गियर काटने का सरल अनुक्रमण

ए 10/एन

बी 20/एन

सी 30/एन

डी 40/एन

उत्तर- डी

20 निम्न में से किस ड्राइव का उपयोग बिना पर्ची के बिजली संचारित करने के लिए किया जाता है

एक बेल्ट ड्राइव

बी गियर ड्राइव

सी रस्सी ड्राइव

डी चरखी ड्राइव

उत्तर- बी

22 उपयोग किए जाने वाले गियर का सबसे सामान्य प्रकार क्या है

एक बेवल गियर

बी स्पर गियर

सी पेचदार गियर

डी वर्म गियर

उत्तर- बी

23 डीपी से आप क्या समझते हैं?

एक ड्रिल कोण

बी व्यास पिच

सी डायल पिच

डी परिपत्र पिच

उत्तर- बी

24 डबल हेलिकल गियर का दूसरा नाम क्या है?

एक प्रेरणा गियर

बी बेवल गियर

सी हेरिंगबोन गियर

डी मीटर गियर

उत्तर- सी

25 उच्च गति और भारी शुल्क के लिए किस गियर का उपयोग किया जाता है

एक पेचदार गियर

बी स्पर गियर

सी बेवल गियर

डी रैक

ए

27 स्पर गियर टूथ का दाब कोण कितना होता है?

एक 14 ½°

बी 22 डिग्री

सी 25 डिग्री
डी 28 डिग्री
उत्तर- ए
28 शाफ्ट की दिशा बदलने के लिए किस प्रकार के गियर का प्रयोग किया जाता है
एक प्रेरणा गियर
बी बेवल गियर
सी पेचदार गियर
डी वर्म गियर
उत्तर- बी
1 अनुयायी की पारस्परिक गति के लिए किस प्रकार के कैम की आवश्यकता होती है
एक स्पर्शरेखा कैम
बी परिपत्र कैमरा
सी बेलनाकार कैमरा
डी एज कैम
उत्तर- डी
2 कौन सा कारक कैम के आकार को प्रभावित करता है
एक बेसिक सर्कल
बी हब आकार
सी दबाव कोण
डी प्राइम सर्कल
उत्तर- सी
3 रेडियल कैम कितने प्रकार के होते हैं
ए 2
बी 3
सी 4
डी 5
उत्तर- बी
4 गति के अनुसार कैम कितने प्रकार के होते हैं
ए 2
बी 3
सी 4
डी 5
उत्तर- ए
5 आकार और अनुप्रयोग के अनुसार कैम कितने प्रकार के होते हैं?

ए 2
बी 3
सी 4
डी 5
उत्तर- सी
6 डिस्क कैम का दूसरा नाम क्या है?
एक अंडाकार कैमरा
बी प्लेट कैम
सी एंड कैम
डी बेलनाकार कैमरा
उत्तर- बी
7 स्वतः गति के लिए किस तंत्र की आवश्यकता होती है
एक गियर तंत्र
बी कैम तंत्र
सी चरखी तंत्र
डी बेल्ट तंत्र
उत्तर- बी
8 अनुयाई को स्पर्शरेखा कैम द्वारा किस प्रकार की गति दी जाती है
एक दोलन गति
बी रैखिक गति
सी लंबवत गति
डी परिपत्र गति
उत्तर- ए
9 हाई स्पीड कैम के लिए किस प्रकार के अनुयायी की गति सर्वोत्तम है
एक SHM अनुयायी गति
B अनुगामी गति का एकसमान त्वरण और मंदता
C चक्रवात गति
डी रैखिक गति
उत्तर- सी
10 घड़ी में पेंडुलम की गति किस प्रकार की होती है
एक दोलन गति
बी रैखिक गति
सी रोटरी गति
डी पारस्परिक गति

उत्तर- ए

11 जब अनुयायी अपने तक पहुँचने तक उठना शुरू करेगा तो कोण का प्रकार क्या होगा कैम को स्थानांतरित करके सर्वोच्च स्थान

चढ़ाई का कोण

B ड्वेल का कोण

C वंश का कोण

D क्रिया का कोण

उत्तर- ए

13 कैम द्वारा चढ़ाई की शुरुआत से तक ले जाने वाले कोण का नाम क्या है

वंश की समाप्ति

कार्रवाई का कोण

B चढ़ाई का कोण

C निवास का कोण

डी वंश का कोण

उत्तर- ए

14 कैम सेंटर से कैम प्रोफाइल में खींचे गए सबसे छोटे सर्कल का नाम क्या है?

एक प्राइम सर्कल

बी बेस सर्कल

सी पिच सर्कल

डी पिच वक्र

उत्तर- बी

15 वह सबसे छोटा वृत्त कौन सा है जिसे कैम के केंद्र से और स्पर्शरेखा से खींचा जा सकता है

पिच वक्र

एक बेस सर्कल

बी पिच सर्कल

सी प्राइम सर्कल

डी पिच वक्र

उत्तर- सी

16 अनुयायी कितने प्रकार के होते हैं

ए 2

बी 3

सी 4

डी 5

उत्तर- सी

17 किस प्रकार के अनुयाई में फिसलने की गति होती है

एक चाकू धार अनुयायी

बी रोलर अनुयायी

सी फ्लैट का पता लगाया अनुयायी

D गोलाकार मुख वाला अनुयायी

उत्तर- ए

1 सनकी क्या है क्रैंक शाफ्ट पर लगे क्रैंक का विशेष रूप

एक प्रकार का डी

बी स्लाइड मान

सी पिस्टन का प्रकार

डी कनेक्टिंग रॉड का प्रकार (सनकी)

उत्तर- ए

3 सनकी का क्या उपयोग है

ए एक लघु पारस्परिक गति प्रदान करने के लिए

बी वैकल्पिक संपीड़न और तन्यता तनाव के लिए

सी पिस्टन रॉड और वाल्व रॉड को सिलेंडर के अंत से गुजरने के लिए सक्षम करने के लिए

डी चल कवर प्रदान करने के लिए (सनकी)

उत्तर- ए

4 पिस्टन रिंग का उद्देश्य क्या है

ए दहन दबाव को नियंत्रित करने के लिए

बी टूट-फूट को नियंत्रित करने के लिए

सी तापमान को नियंत्रित करने के लिए

डी वायु ईंधन अनुपात को नियंत्रित करने के लिए

उत्तर- ए

5 पिस्टन रिंग की सामग्री क्या है

एक पीतल

बी कॉपर

सी कच्चा लोहा

डी एल्युमिनियम

उत्तर- सी

6 पिस्टन का कौन सा भाग उच्च दाब और तापमान के अधीन होता है

एक ताज

बी स्कर्ट

सी लैंड

डी रिंग सेक्शन

उत्तर- ए

7 निम्नलिखित में से किसका उपयोग कनेक्टिंग रॉड और अन्य को जोड़ने के लिए किया जाता है

पिस्टन रॉड का अंत

एक पिस्टन रॉड

बी क्रॉस - हेड

सी क्रैंक शाफ्ट

डी सनकी

उत्तर- बी

8 क्रॉस हेड का दूसरा नाम क्या है?

एक गाइड ब्लॉक

बी पिस्टन

सी क्रैंक शाफ्ट

डी स्टफिंग बॉक्स

उत्तर- ए

9 क्रॉस हेड का क्या कार्य है

ए गति संचारित करने के लिए

B छड़ को जोड़ने वाली छड़ के तिरछेपन के कारण प्रणोद संचारित करने के लिए

सी स्टफिंग बॉक्स को जोड़ने के लिए

D पारस्परिक गति को घूर्णन गति में बदलने के लिए

उत्तर- बी 2

10 भाप इंजन क्या है

एक बाहरी दहन

बी आंतरिक दहन

सी दो स्ट्रोक इंजन

डी चार स्टोक इंजन

उत्तर- ए

11 भाप इंजन का कौन सा भाग स्लाइडिंग रॉड के साथ द्रव के रिसाव को रोकता है

एक पिस्टन

बी कनेक्टिंग रॉड

सी स्टफिंग बॉक्स

डी क्रॉस - हेड

उत्तर- सी

12 स्टीम इंजन का कौन सा भाग पिस्टन रॉड को कनेक्टिंग रॉड से जोड़ता है

एक स्टफिंग बॉक्स

बी सनकी

सी सिलेंडर कवर

डी क्रॉस - हेड

उत्तर- डी

13 भाप इंजन का कौन सा भाग क्रैंक की घूर्णन गति को D - स्लाइड मान की रैखिक गति में परिवर्तित करता है?

एक सनकी

बी कनेक्टिंग रॉड

सी स्टफिंग बॉक्स

डी पिस्टन रॉड

उत्तर- ए

14 फ़ीड पानी का दबाव बढ़ाने के लिए किस उपकरण का उपयोग किया जाता है

एक इंजेक्टर

बी फ़ीड पंप

सी फ़ीड चेक मूल्य

डी झटका बंद मुर्गा

उत्तर- बी

15 क्रैंक शाफ्ट के पिछले सिरे पर कौन सा भाग फिट किया गया है

एक पिस्टन

बी फ्लाई व्हील

सी वाल्व

डी क्रॉस - हेड

उत्तर- बी

16 इंजन के किस भाग का उपयोग घूर्णी ऊर्जा के भंडारण के रूप में किया जाता है

एक फ्लाई व्हील

बी क्रैंक शाफ्ट

सी क्रॉस-हेड

डी स्टफिंग बॉक्स

उत्तर- ए

17 कनेक्टिंग रॉड की सामग्री क्या है

एक हल्का स्टील
बी एल्युमिनियम
सी मिश्र धातु इस्पात
डी कास्ट आयरन
उत्तर- सी
18 क्रैंक शाफ्ट और कनेक्टिंग रॉड द्वारा कौन सा भाग जुड़ा होता है
एक सिलेंडर हेड
बी सिलेंडर ब्लॉक
सी पिस्टन
डी कैम शाफ्ट
उत्तर- सी 1
19 कनेक्टिंग रॉड का क्या कार्य है
ए दो सतहों के बीच एक तंग फिटिंग जोड़ प्रदान करने के लिए
बी पिस्टन से क्रैंक शाफ्ट तक बिजली पहुंचाता है
सी पिस्टन को कनेक्टिंग रॉड से जोड़ने के लिए
डी क्रैंक शाफ्ट का समर्थन करने के लिए
उत्तर- बी
20 टू स्ट्रोक आईसी इंजन का क्या फायदा है
वजन अनुपात के लिए एक कम शक्ति
बी अधिक चलती भागों
C निष्क्रिय गति पर भी अधिक टॉर्क
डी प्रति चक्र स्ट्रोक की अधिक संख्या
उत्तर- सी
22 बीडीसी और टीडीसी के बीच की दूरी को क्या कहते हैं
एक छेद
बी स्ट्रोक
सी साइकिल
डी संपीड़न अनुपात
उत्तर- बी
23 इंजन का कौन सा हिस्सा डीजल टैंक से डीजल चूसता है
एक ईंधन इंजेक्शन पंप
बी ईंधन फिल्टर
सी ईंधन इंजेक्टर
डी ईंधन फ़ीड पंप

उत्तर- डी

24 ईंधन इंजेक्टर का कार्य क्या है

टैंक से एक ड्रा डीजल

बी ईंधन को साफ करने के लिए

सी सिलेंडर में ईंधन डालने के लिए

D पिस्टन को क्रैंक शाफ्ट से जोड़ने के लिए

उत्तर- सी

25 पेट्रोल इंजन में हवा और पेट्रोल का मिश्रण बनाने के लिए किन भागों का उपयोग किया जाता है?

एक स्पार्क प्लग

बी कार्बोरेटर

सी ईंधन फ़ीड पंप

डी ईंधन इंजेक्शन पंप

उत्तर- बी

28 बीएचपी और आईएचपी के अनुपात को क्या कहते हैं

एक वॉल्यूमेट्रिक दक्षता

बी थर्मल दक्षता

सी इंजन क्षमता

डी यांत्रिक दक्षता

उत्तर- डी

137] हाइड्रोलिक पावर यूनिट में किस प्रकार के घटक का उपयोग किया जाता है?

ए] दबाव नापने का यंत्र

बी] फिलर गेज

सी] वाल्व

डी] जलाशय

138] किस प्रकार का वाल्व एक कंप्रेसर के जलाशय में हवा देता है, लेकिन इसे बाहर नहीं निकलने देता है?

ए] वाल्वजांचें

बी] रिसीवर वाल्व

सी] नियंत्रण वाल्व

डी] तीन तरह से वाल्व

139] किस प्रकार का वाल्व वायु प्रवाह को प्रतिबंधित करता है?

ए] शटल वाल्व

बी] दिशा नियंत्रण वाल्व

सी] एकल अभिनय सिलेंडर

डी] सांसरोकनाकाद्वार

140] हाइड्रोलिक सिस्टम में कौन सा भाग द्रव प्रवाह को यांत्रिक गति में परिवर्तित करता है?

ए] छलनी

बी] गतिदेनेवाला

सी] संचायक

डी] पंप

141] तेल को ठोस संदूषण से मुक्त रखने के लिए जिम्मेदार घटक का नाम क्या है?

ए] पंप्स

बी] संचायक

सी] छलनीऔरफिल्टर

डी] वाल्व

142] हाइड्रोलिक सिस्टम के हृदय का नाम क्या है?

ए] वाल्व

बी] पंप

सी] संचायक

डी] तेल टैंक

143] पिस्टन के दोनों किनारों पर किस प्रकार के हाइड्रोलिक सिलेंडर का उपयोग किया जाता है?

ए] डुप्लेक्स सिलेंडर

बी] डबलअभिनयसिलेंडर

सी] एकल अभिनय सिलेंडर

डी] वायवीय सिलेंडर

181] एक वायवीय प्रतीक है:

ए) एकहीफ़ंक्शनकेलिएउपयोगकिएजानेवालेहाइड्रोलिकप्रतीकसेअलग

बी) एक ही फ़ंक्शन के लिए उपयोग किए जाने वाले हाइड्रोलिक प्रतीक के समान

सी) एक ही फ़ंक्शन के लिए उपयोग किए जाने वाले हाइड्रोलिक प्रतीक से तुलना नहीं की जानी चाहिए

d) उल्लिखित में से कोई नहीं

182] वायवीय प्रणालियां आमतौर पर इससे अधिक नहीं होती हैं:

ए) 1 एचपी

बी) 1 से 2 एचपी

सी) 2 से 3 एचपी

डी) 4 से 5 एचपी

183] अधिकांश हाइड्रोलिक सर्किट:

ए) एककेंद्रीयहाइड्रोलिकपावरयूनिटसेसंचालितहोताहै

बी) एयर-ओवर-ऑयल बिजली इकाइयों का प्रयोग करें

ग) एक समर्पित बिजली इकाई है

d) समर्पित बिजली इकाई नहीं है

184] हाइड्रोलिक और वायवीय सर्किट:

क) सभी कार्यों के लिए समान रूप से प्रदर्शन करें

बी) सभी कार्यों के लिए अलग-अलग प्रदर्शन करें

ग) कुछअपवादोंकेसाथऐसाहीकरें

d) सभी कार्य नहीं करता है

185] वायवीय परिपथ में स्नेहक है:

क) पंक्ति में पहला तत्व

b) पंक्ति में दूसरा तत्व

ग) पंक्तिमेंअंतिमतत्व

d) पंक्ति में तीसरा तत्व

186] हाइड्रोलिक सिस्टम की पहली लागत की तुलना वायवीय प्रणालियों से करते समय, आम तौर पर वे हैं:

ए) खरीदने के लिए और अधिक महंगा

बी) खरीदनेकेलिएकमखर्चीला

ग) लागत समान है

घ) लागत की आवश्यकता नहीं है

187] हाइड्रोलिक सिस्टम की परिचालन लागत की तुलना वायवीय प्रणालियों से करते समय, आम तौर पर वे होते हैं।

ए) संचालित करने के लिए और अधिक महंगा

बी) संचालितकरनेकेलिएकमखर्चीला

सी) लागत संचालित करने के लिए समान है

घ) लागत की आवश्यकता नहीं है

188] सबसे आम हाइड्रोलिक द्रव है:

ए) खनिज तेल

बी) सिंथेटिक तरल पदार्थ

सी) पानी

घ) जेल

189) हाइड्रोलिक पावर सिस्टम में किस द्रव का उपयोग किया जाता है?

पानी

उबलना

सी] गैर-संपीड़ित तरल पदार्थ

डी] <u>उपरोक्तसभी</u>

190) 1 बार का दबाव बराबर होता है

ए] <u>14]5 पीएसआई</u>

बी] 145 पीएसआई

ग] 12]5 पीएसआई

घ] 145 x 10-6 पीएसआई

191) ओवरलोडिंग का द्रव शक्ति और विद्युत प्रणालियों पर क्या प्रभाव पड़ता है?

a] विद्युत प्रणालियों में विद्युत घटक क्षतिग्रस्त हो जाते हैं

बी] द्रव शक्ति प्रणाली घटकों को नुकसान पहुंचाए बिना काम करना बंद कर देती है

सी] <u>दोनोंए] औरबी]</u>

डी] उपरोक्त में से कोई नहीं

192) द्रव विद्युत प्रणालियों में शक्ति का संचार कैसे होता है?

ए] <u>शक्तितुरंतप्रसारितहोतीहै</u>

बी] शक्ति धीरे-धीरे प्रसारित होती है

सी] दोनों ए] और बी]

डी] उपरोक्त में से कोई नहीं

193) आम तौर पर तरल पदार्थ गैर-संपीड़ित होते हैं लेकिन जब 70 बार का एक बड़ा दबाव लगाया जाता है, तो पेट्रोलियम तेल को संपीड़ित किया जा सकता है

a] <u>0] इसकीमूलमात्राका 5%</u>

बी] इसकी मूल मात्रा का 1%

सी] इसकी मूल मात्रा का 5%

डी] उपरोक्त में से कोई नहीं

194) एक पिस्टन के अंदर द्रव के प्रवाह के लिए दिया गया प्रतिरोध विकसित होता है

ए] <u>दबाव</u>

बी] बल

सी] तनाव

D। उपरोक्त सभी

195) कम दबाव पर, तरल पदार्थ होते हैं

ए] संपीड़ित

बी] <u>गैर-संपीड़ित</u>

ग] अप्रत्याशित

196) हाइड्रोलिक सिस्टम में,

a]

यांत्रिकऊर्जाकोतेलमेंस्थानांतरितकियाजाताहैऔरफिरयांत्रिकऊर्जामेंपरिवर्तितकियाजाताहै

बी] विद्युत ऊर्जा को तेल में स्थानांतरित किया जाता है और फिर यांत्रिक ऊर्जा में परिवर्तित किया जाता है

ग] यांत्रिक ऊर्जा को तेल में स्थानांतरित किया जाता है और विद्युत ऊर्जा में परिवर्तित किया जाता है

डी] उपरोक्त में से कोई नहीं

197) निम्न में से किसका उपयोग हाइड्रोलिक पावर यूनिट में एक घटक के रूप में किया जाता है?

ए] दबाव नापने का यंत्र

बी] फिलर गेज

सी] वाल्व

डी] जलाशय

198) हाइड्रोलिक पावर यूनिट में रोटरी गति का उपयोग करके प्राप्त किया जाता है

ए] हाइड्रोलिक सिलेंडर

बी] वायवीय सिलेंडर

ग] दोनों हाइड्रोलिक और वायवीय सिलेंडर

डी] उपरोक्तमेंसेकोईनहीं

199) स्थिर विस्थापन फलक पंप के लिए गति और प्रवाह दर के बीच क्या संबंध है?

ए] रोटरकीगतिमेंवृद्धिकेसाथप्रवाहदरबढ़जातीहै

बी] रोटर की गति में वृद्धि के साथ प्रवाह दर घट जाती है

ग] प्रवाह दर स्थिर है और गति में परिवर्तन के साथ नहीं बदलता है

डी] उपरोक्त में से कोई नहीं

200) निश्चित विस्थापन फलक पंप में,

ए] कामकेदबावमेंवृद्धिकेसाथप्रवाहदरघटजातीहै

बी] काम के दबाव में वृद्धि के साथ प्रवाह दर बढ़ जाती है

सी] प्रवाह दर स्थिर है और काम के दबाव के साथ नहीं बदलता है

डी] उपरोक्त में से कोई नहीं

201) हाइड्रोलिक एक्ट्यूएटर्स द्वारा किस प्रकार की गति का संचार किया जाता है?

ए] रैखिक गति

बी] रोटरी गति

सी] दोनोंए] औरबी]

डी] उपरोक्त में से कोई नहीं

202) इलेक्ट्रिक एक्ट्यूएटर का क्या कार्य है?

ए] विद्युतऊर्जाकोयांत्रिकटोक़मेंपरिवर्तितकरताहै

बी] यांत्रिक टोक़ को विद्युत ऊर्जा में परिवर्तित करता है

सी] यांत्रिक ऊर्जा को यांत्रिक टोक़ में परिवर्तित करता है

डी] उपरोक्त में से कोई नहीं

203) निम्नलिखित में से कौन निर्माण पर आधारित हाइड्रोलिक सिलेंडर है?

ए] एकल अभिनय सिलेंडर

बी] डबल अभिनय सिलेंडर

सी] वेल्डेडडिजाइनसिलेंडर

D। उपरोक्त सभी

204) हाइड्रोलिक सिलेंडरों द्वारा किस ऊर्जा को यांत्रिक ऊर्जा में परिवर्तित किया जाता है?

ए] हाइड्रोस्टेटिकऊर्जा

बी] हाइड्रोडायनामिक ऊर्जा

ग] विद्युत ऊर्जा

डी] उपरोक्त में से कोई नहीं

205) एकल अभिनय सिलेंडर का उपयोग करने का क्या फायदा है?

ए] उच्च लागत और विश्वसनीय

बी] पंप की आंतरिक सतह के अंदर सम्मान की आवश्यकता नहीं है

ग] पिस्टनसीलकीआवश्यकतानहींहै

D। उपरोक्त सभी

206) प्रवाह नियंत्रण वाल्व का क्या कार्य है?

ए] प्रवाह नियंत्रण वाल्व तेल प्रवाह की दिशा बदलता है

बी] प्रवाहनियंत्रणवाल्वहाइड्रोलिकतेलकीप्रवाहदरकोसमायोजितकरसकताहै

सी] दोनों ए] और बी]

डी] उपरोक्त में से कोई नहीं

207) 4/2 वाल्व में संख्याओं का क्या अर्थ है?

ए] 4 स्थिति और 2 तरीके

बी] 4 तरीकेऔर 2 स्थिति

ग] उपरोक्त में से कोई नहीं

डी] 3 तरीके 2 स्थिति

208) किस प्रकार के सोलनॉइड में कॉइल के खराब होने की संभावना अधिक होती है?

ए] एसीसोलनॉइड

बी] डीसी सोलनॉइड

ग] एसी और डीसी दोनों सोलेनोइड्स

डी] उपरोक्त में से कोई नहीं

209) दो चरण दिशा नियंत्रण वाल्व में कौन सा चरण सोलनॉइड संचालित होता है?

ए] मुख्य चरण दिशा नियंत्रण वाल्व

बी] पायलटचरणदिशानियंत्रणवाल्व

सी] दो चरण दिशा नियंत्रण में दोनों चरण सोलनॉइड संचालित होते हैं

डी] उपरोक्त में से कोई नहीं

210) निम्नलिखित में से कौन एक गैस आवेशित संचायक है?

ए] मूत्राशयकाप्रकार

बी] वसंत लोड संचायक

सी] भारित संचायक

D। उपरोक्त सभी

211) पिस्टन के नीचे द्रव के दबाव की गणना भारित संचायक में कैसे की जाती है?

a] द्रवकादबाव = (वजनजोड़ा / पिस्टनक्षेत्र)

बी] द्रव का दबाव = (पिस्टन क्षेत्र / वजन जोड़ा गया)

ग] द्रव का दबाव = (वजन जोड़ा / पिस्टन बल)

d] द्रव का दबाव = (पिस्टन बल / भार जोड़ा गया)

212) गैस आवेशित संचायक में निम्नलिखित में से किस गैस का उपयोग किया जाता है?

ए] ऑक्सीजन

बी] नाइट्रोजन

सी] कार्बन डाइऑक्साइड

D। उपरोक्त सभी

213) रुद्धोष्म रूप से दबाव और आयतन में तेजी से बदलाव का संबंध इस प्रकार दिया गया है:

a] p0 v0 = p1 v1 = p2 v2

ख] p0 v0 = p1 v1n = p2 v2n

ग] p0 v0n = p1 v1n = p2 v2n

डी] उपरोक्त में से कोई नहीं

214) क्लैम्पिंग ऑपरेशन में पायलट द्वारा संचालित चेक वाल्व का उपयोग क्यों किया जाता है?

ए] स्पूल वाल्व में रिसाव को कम करने के लिए

बी] क्लैंपिंग के दौरान दबाव में कमी से बचने के लिए

सी] *दोनोंए] औरबी]*

डी] उपरोक्त में से कोई नहीं

215) नीचे दिखाया गया हिस्सा किस क्षेत्र को दर्शाता है?

ए] रॉड क्षेत्र

बी] पूर्ण बोर क्षेत्र

सी] एनलसक्षेत्र

डी] उपरोक्त में से कोई नहीं

216) निम्नलिखित में से कौन सा कथन सत्य है?

ए] मीटर-इन फीड सर्किट में दो दिशाओं में गति नियंत्रण होता है

बी] मानकब्लॉकफीडसर्किटमेंदोदिशाओंमेंगतिनियंत्रणहोताहै

सी] टैंक लाइन फीड कंट्रोल सिस्टम में केवल एक दिशा में गति नियंत्रण होता है

D। उपरोक्त सभी

217) रोटरी चक में रिसाव की भरपाई किसके द्वारा की जा सकती है

ए] प्रवाह नियंत्रण वाल्व

बी] पायलट संचालित चेक वाल्व

ग] संचायक

D। उपरोक्त सभी

218) सुरक्षा के उद्देश्य से सिस्टम से संचायक को ब्लॉक करने के लिए किस वाल्व का उपयोग किया जाता है?

ए] पायलट वाल्व

बी] सुईवाल्व

ग] डिटेंट वाल्व

D। उपरोक्त सभी

219) औद्योगिक अनुप्रयोगों में उपयोग किए जाने पर निम्नलिखित में से कौन सी प्रणाली अधिक ऊर्जा उत्पन्न करती है?

ए] हाइड्रोलिकसिस्टम

बी] वायवीय प्रणाली

c] दोनों प्रणालियाँ समान ऊर्जा उत्पन्न करती हैं

डी] नहीं कह सकता

96] खराद चक माउंट करने के लिए

ए] इसे हाथ से शुरू करें और फिर बिजली चालू करें

बी] इसे शक्ति द्वारा माउंट करें

सी] इसेहाथसेमाउंटकरें

D] हथौड़े की सहायता से इसे माउंट करें

lathe chucks

Lathe Chuck

लेथ फोर जॉ चक एनिमेशन और वीडियो

96] खराद चक माउंट करने के लिए

ए] इसे हाथ से शुरू करें और फिर बिजली चालू करें

बी] इसे शक्ति द्वारा माउंट करें

सी] इसेहाथसेमाउंटकरें

D] हथौड़े की सहायता से इसे माउंट करें

lathe chucks

Lathe Chuck

लेथ फोर जॉ चक एनिमेशन और वीडियो

158] निम्नलिखित में से कौन सा उपकरण केवल क्लैम्पिंग कार्य के लिए दिया गया है?

ए] जिगो

बी] स्थिरता

सी] आवास

डी] गेज

159] वेल्डिंग कार्य द्वारा निर्मित होने पर किस उपकरण का उपयोग वेल्डिंग कार्य के 360 डिग्री सेल्सियस तक स्थिर या घूमने के लिए किया जाता है?

ए] गेज

बी] खाका

सी] जिगो

डी] स्थिरता

Fixture 1 Jig Fixture

स्थिरता

160] जिग ड्रिलिंग की मुख्य चीजें मशीन टेबल के साथ क्लैम्पिंग नहीं है, कौन सा कारण सही है, निम्नलिखित दिया गया है?

ए] यहऑपरेशनकेलिएमजबूतहै

बी] यह ऑपरेशन के लिए आसान है

सी] काम पर ड्रिलिंग करते समय कई अलग-अलग आकार के छेद अलग-अलग सेटिंग से उत्पन्न होते हैं

डी] इस डिवाइस के लिए बहुत समय है

161] राउंड शेप जॉब लोकेशन के लिए कौन से स्थान सबसे उपयोगी हैं?

ए] पिन टाइप लोकेटर

बी] वेज टाइप लोकेटर

सी] वीलोकेटर

डी] समायोज्य स्टॉप लोकेटर

162] ड्रिलिंग जिग्स में बुशिंग का उपयोग करने के लिए कौन सा कारण सही है?

ए] ड्रिलिंग के लिए आसान

बी] निश्चित ड्रिल छेद आकार के लिए

सी] सटीकड्रिलिंगऑपरेशनकेलिए

डी] बेहतर फिनिश ड्रिलिंग होल के लिए

163] जिग बुश के निर्माण के लिए धातु है...?

ए] माइल्ड स्टील

बी] कच्चा लोहा

सी] कास्ट स्टील

डी] उपकरणस्टील

164] निम्नलिखित झाड़ी को देखते हुए नवीकरणीय झाड़ी का पता लगाने के लिए किस बस का उपयोग किया जाता है?

ए] फिट बुशिंग दबाएं

<u>बी] रैखिकझाड़ी</u>

सी] विशेष झाड़ी

डी] नई बुशिंग

165] जिग में सहनशीलता है..?

ए] नौकरी सहिष्णुता के पांच वर्तमान

बी] नौकरी सहिष्णुता का दस प्रतिशत

<u>सी] 20% से 50% नौकरीसहनशीलता</u>

डी] 100% नौकरी सहनशीलता

166] बोर से लोकेशन के लिए निम्नलिखित में से किस जिग का उपयोग किया जाता है?

ए] प्लेट जिगो

बी] ठोस जिगो

<u>सी] जिगोपोस्टकरें</u>

डी] बॉक्स जिगो

167] ड्रिल प्लेट वाले किस जिग के बाद?

ए] ठोस जिगो

<u>बी] प्लेटजिगो</u>

सी] बॉक्स जिगो

डी] टेबल जिगो

168] आंतरिक व्यास स्थान के लिए किस लोकेटर का उपयोग किया जाता है?

ए] ठोस सपोर्ट

<u>बी] पिनटाइपलोकेटर</u>

सी] वी लोकेटर

डी] घोंसला लोकेटर

169] ड्रम जिग बुशिंग- आम तौर पर ---------- के लिए कठोर होते हैं।

ए] माइल्ड स्टील

बी] कच्चा लोहा

सी] कास्ट स्टील

<u>डी] टूईस्टील</u>

170] जिग्स वह उपकरण है जो -------------

ए] काम के टुकड़े का पता लगाएँ

बी] वर्क पीस को पकड़ना और सपोर्ट करना

सी] काटने के उपकरण का मार्गदर्शन करें

डी] उपरोक्तसभीकरताहै

171] निम्नलिखित में से किस जिग्स का उपयोग बोर से आबंटन के लिए किया जाता है?

ए] प्लेट जिगो

बी] ठोस जिगो

सी] जिगोपोस्टकरें

डी] बॉक्स जिगो

172] स्थिरता एक उत्पादन उपकरण है जो ------------ है।

ए] कामकेटुकड़ेकोपकड़ताहैऔरउसकापतालगाताहै

बी] टुकड़ा रखता है

सी] काम के टुकड़े को चैट करता है,

D] न तो धारण करता है और न ही। काम के टुकड़े का पता लगाता है

173] निम्नलिखित में से किसका उपयोग उपकरण को निर्देशित करने और बड़े पैमाने पर उत्पादन में नौकरी रखने के लिए किया जाता है? '

ए] गेज।

बी] आवास

सी] स्थिरता

डी] जिगो

174] ड्रिल जिग में प्रोई/इडिंग बुशिंग का उद्देश्य निम्नलिखित में से क्या है?

ए] सटीकड्रिलिंगऑपरेशनकेलिएड्रिलकासटीकपतालगानेऔरड्रिलकामार्गदर्शनकरनेकेलिए

बी] ड्रिल किए जाने वाले छेद के आकार को निर्धारित करने के लिए

सी] आसान ड्रिलिंग के लिए

डी] ड्रिल किए गए छिद्रों में अच्छी तैयार सतह प्राप्त करने के लिए

175] ड्रिल जिग का उपयोग किसके लिए किया जाता है? _

ए] केवल ड्रिल संचालन।

बी] ड्रिलिंगकेलिएनौकरीदबाना

सी] ड्रिलिंग, रीमिंग, टैपिंग और अन्य संचालन

डी] केवल टूल्स का मार्गदर्शन करना

176] निम्नलिखित में से किस जिग्स में ड्रिल प्लेट होती है, जो ड्रिल किए जाने वाले घटक पर टिकी होती है? . . . .

ए] ठोस जिग।

बी] प्लेटजिग।

सी] बॉक्स जिगो

डी] ट्रुनियन जिगो

177] जिग एक उपकरण है जो -----------

ए] वर्कपीस का पता लगाता है।

बी] वर्कपीस और गाइड टूल को पकड़ें और सपोर्ट करें

सी] काटने के उपकरण का मार्गदर्शन करता है

डी] काटनेकेउपकरणकोपकड़ो।

178] ड्रिल जिग का उपयोग .... के लिए किया जाता है।

ए] ड्रिलिंग, रीमिंग, टैपिंगऔरअन्यसंबद्धसंचालन

बी] केवल ड्रिलिंग ऑपरेशन

सी] ड्रिलिंग करते समय नौकरी दबाना

डी] केवल उपकरण का मार्गदर्शन करना

179] स्थिरता एक उत्पादन उपकरण है जो ---------: -----

ए] वर्क पीस रखती है'

बी] काम के टुकड़े का पता लगाएँ

सी] कामकेटुकड़ेकोपकड़ताहैऔरढूंढताहै

D] वर्कपीस को न तो पकड़ता है और न ही ढूंढता है

180] बॉक्स जिग का उद्देश्य है:

ए] नौकरी पकड़ो और उपकरण को आंतरिक धागे बनाने के लिए मार्गदर्शन करें

बी] कईझुकेहुएछिद्रोंकाउत्पादनकरनेकेलिए

सी] कई सीधे छेद उत्पन्न करने के लिए

डी] इनमें से कोई नहीं

181] जिग्स और फिक्स्चर्स -------- हैं।

ए] मशीनिंग टूल्स

बी] सटीकउपकरण

सी] दोनों (ए] और (बी)

डी] इनमें से कोई नहीं

182] 'फिक्स्चर की तुलना में वजन के मामले में जिग कैसे हैं?

ए] जिग्सजुड़नारकीतुलनामेंहल्केहोतेहैं

बी] जिग्स फिक्स्चर से भारी होते हैं

सी] जिग्स एक ही ऑपरेशन के लिए फिक्स्चर के वजन के बराबर हैं

डी] इनमें से कोई नहीं

183] मशीनिंग भागों के लिए कौन से फिक्स्चर का उपयोग किया जाता है, जो मुस्तह-ए-मशीनीकृत विवरण समान दूरी पर होते हैं?

ए] प्रोफ़ाइल जुड़नार

बी] डुप्लेक्स जुड़नार

<u>सी] अनुक्रमणजुड़नार</u>

डी] इनमें से कोई नहीं

225] बड़े पैमाने पर उत्पादन में इंटरचेंज क्षमता हासिल करने के लिए निम्नलिखित में से कौन सा महत्वपूर्ण कारक आवश्यक है? .

ए] ज्यामितीय सटीकता।

बी] मानकीकरण

<u>सी] आयामीसटीकता</u>

डी] सतह खत्म

226] इंटरचेंज क्षमता सामान्य रूप से किसके लिए लागू होती है? _

ए] भागों की मरम्मत

<u>बी] बड़ेपैमानेपरउत्पादन</u>

सी] एकल टुकड़ा उत्पादन

डी] ये सभी

227] जब मूल आयाम के एक पक्ष में सहिष्णुता दी जाती है, तो उसे -------- कहते हैं

ए]। सहिष्णुता प्रणाली

<u>बी] एकतरफासहिष्णुता</u>

सी] द्विपक्षीय सहिष्णुता

डी] भत्ता प्रणाली

228] एक घटक के आयामों का मापा आकार जिसे -------- कहा जाता है

ए] मूल आकार

बी] नाममात्र का आकार

सी] अनुमत आकार

<u>डी] वास्तविकआकार</u>

104] एक डाई जिसमें प्रति स्ट्रोक कटिंग और नॉन कटिंग ऑपरेशन किए जाते हैं

ए] पियर्सिंग डाई

बी] प्रोग्रेसिव डाई

C] <u>कॉम्बिनेशन डाई</u>

डी] कंपाउंड डाई

105] एक डाई जिसमें दो या दो से अधिक स्टेशनों पर दो या दो से अधिक अनुक्रमिक ऑपरेशन किए जाते हैं

ए] पियर्सिंग डाई

बी] <u>प्रोग्रेसिव डाई</u>

C] कॉम्बिनेशन डाई

डी] कंपाउंड डाई

106] एक डाई जिसमें पंच और डाई का आकार सीधे धातु में कम या बिना धातु प्रवाह के पुन: उत्पन्न होता है

ए] प्रोग्रेसिव डाई

बी] संयोजन मरो

C] कंपाउंड डाई

डी] मरने का गठन

107] किसी भी आकार के छेद बनाने के लिए इस्तेमाल किया जाने वाला डाई

ए] पियर्सिंग डाई

बी] प्रोग्रेसिव डाई

C] कॉम्बिनेशन डाई

डी] कंपाउंड डाई

144] सक्शन स्ट्रोक के दौरान पेट्रोल इंजन में खींचा गया चार्ज होता है

ए] केवल हवा

B. वायुऔरपेट्रोलकामिश्रण

सी] पेट्रोल केवल

डी] पेट्रोल के अलावा अन्य ईंधन

petrol engine1 diesel petrol engine

कार में पेट्रोल इंजन

145] एक पेट्रोल इंजन में वायु ईंधन मिश्रण सिलेंडर में खींचा जाता है, जिसके दौरान वैक्यूम बनाया जाता है

ए] पावर स्ट्रोक

बी] निकास स्ट्रोक

सी] सक्शनस्ट्रोक

डी] संपीड़न स्ट्रोक

146] पेट्रोल इंजन की उच्च ईंधन खपत के कारण हो सकता है

ए] कार्बोरेटरसेईंधनकारिसाव

बी] स्नेहन प्रणाली में दोष

सी] सेवन में हवा का रिसाव कई गुना

डी] गलत निष्क्रिय गति (बहुत कम)

147] एक कार्बोरेटर में फ्लोट सर्किट प्रदान किया जाता है

ए] ईंधन वाष्प को स्टोर करने के लिए

बी] हवा और ईंधन के मिश्रण की आपूर्ति करने के लिए

C] फ्लोटचैंबरमेंईंधनकाउचितस्तरबनाएरखनेकेलिए

डी] उपरोक्त में से कोई नहीं

148] इंजन की गति बढ़ाएं या घटाएं

बी] स्पीडोमीटर

सी] क्लच पेडल

डी] इग्निशन स्विच

ई] त्वरक

engines5

diesel petrol engine

वाहन में इंजन

2] मशीन नींव को आसन्न भवन घटकों से अलग किया जाना चाहिए मतलब बंद

ए]लचीला जोड़

बी]विस्तार जोड़ों

सी] टी-संयुक्त

डी]संपीड़न संयुक्त

उत्तर- बी

3] निम्न में से कौन मशीनों के लिए एक प्रकार की नींव नहीं है

ए]बॉक्स प्रकार

बी]फ्रेम प्रकार

सी]नंगे प्रकार

डी]ब्लॉक प्रकार

उत्तर- सी

4] कौन सा बोल्ट मशीन को उसकी नींव तक सुरक्षित रखता है

ए] स्क्वायर बोल्ट

बी]आई बोल्ट

सी] टी-बोल्ट

डी] जे-बोल्ट

उत्तर- डी

5 लेवलिंग बोल्ट का उपयोग के लिए किया जाता है

ए]मशीन की कठोरता

बी]मशीन की ऊंचाई को समायोजित करना

सी]मशीन के लिए लोड का समर्थन

डी]मशीन की लंबाई को समायोजित करना

उत्तर- बी

6] कंक्रीट के बारे में निम्नलिखित में से कौन सा कथन सही है

ए] तन्यता और संपीड़न भार दोनों को सहन कर सकता है

बी] तन्यता और संपीड़ित लोडिंग दोनों को सहन नहीं कर सकता

सी]केवल तन्यता भार सहन कर सकते हैं

डी] तन्यता भार सहन नहीं कर सकता

उत्तर- डी

9] मशीन के चारों ओर खाली जगह क्यों रखी जाती है

ए]केवल ऑपरेशन के लिए

बी] संचालन और रखरखाव के लिए

सी]केवल रखरखाव के लिए

डी] बाकी कार्यकर्ता लेने के लिए

उत्तर- बी

10] आम तौर पर कितने प्रकार के मशीन फाउंडेशन का उपयोग किया जाता है

ए]02 प्रकार

बी]04 प्रकार

सी] 06 प्रकार

डी] 08 प्रकार

उत्तर- बी

11] किस प्रकार की मशीन नींव खोखले कंक्रीट ब्लॉक का उपयोग करती है

ए]फ्रेम प्रकार

बी]बॉक्स प्रकार

सी]ब्लॉक प्रकार

डी]दीवार का प्रकार

उत्तर- बी

12] आई फाउंडेशन बोल्ट की सामग्री है

ए]एमएस या डब्ल्यूआई

बी]केवल एमएस

सी]केवल वाई

डी]केवल एल्यूमिनियम

उत्तर- ए

13] निम्न में से कौन मशीन नींव नहीं है

ए]ब्लॉक प्रकार

बी]दीवार का प्रकार

सी]बॉक्स प्रकार

डी]विंडो प्रकार

उत्तर- डी

14] रैग बोल्ट के निचले हिस्से का आकार कैसा होता है?

ए]गोल आकार

बी]आयताकार आकार

सी]त्रिकोणीय आकार

डी] पंचकोणीय आकार

उत्तर- बी

15] रैग बोल्ट के चारों ओर अंतरिक्ष में कौन-सी सामग्री भरी जाती है?

ए]कंक्रीट या रेत

बी]तेल या पानी

सी]सल्फर या पिघला हुआ सीसा

डी]सीमेंट या रेत

उत्तर- सी

16] किस बोल्ट में एक चाबी डाली जाती है

ए]रैग बोल्ट

बी]आई फाउंडेशन बोल्ट

सी] लुईस बोल्ट

डी] स्क्वायर बोल्ट

उत्तर- सी

17] भारी मशीनों को ठीक करने के लिए किस प्रकार के फाउंडेशन बोल्ट का उपयोग किया जाता है

ए] कॉटर फाउंडेशन बोल्ट

बी]आई फाउंडेशन बोल्ट

सी]रैग फाउंडेशन बोल्ट

डी] नींव बोल्ट

उत्तर- ए

18] फाउंडेशन बोल्ट का दूसरा नाम क्या है?

ए]नट बोल्ट

बी]एंकर बोल्ट

सी]पेंच बोल्ट

डी] थ्रेड बोल्ट

उत्तर- बी

19] MS या WI बार से कौन से फाउंडेशन बोल्ट को जल्दी से फोर्ज किया जा सकता है

ए]रैग फाउंडेशन बोल्ट

बी] स्क्वायर फाउंडेशन बोल्ट

सी]टी हेडेड फाउंडेशन बोल्ट

डी]आई फाउंडेशन बोल्ट

उत्तर- डी

20] सीमेंट ग्राउटिंग में रेत और सीमेंट का मिश्रण क्या होता है?

ए] रेत के 4 भाग सीमेंट के 1 भाग

बी] रेत के 3 भाग सीमेंट के 2 भाग

सी] रेत के 2 भाग सीमेंट के 1 भाग

डी] रेत का 1 भाग सीमेंट का 1 भाग

उत्तर- सी

21] बॉक्स टाइप फाउंडेशन बोल्ट का दूसरा नाम क्या है?

ए]कैसन बोल्ट

बी]गेंद प्रकार बोल्ट

सी]फ्रेम प्रकार बोल्ट

डी]ब्लॉक प्रकार बोल्ट

उत्तर- ए

22] निम्न में से कौन सा नींव बोल्ट नहीं है

ए]रैग बोल्ट

बी] लुईस बोल्ट

सी] कॉटर बोल्ट

डी] नट बोल्ट

उत्तर- डी

23] निम्नलिखित में से कौन सा कारक एर्गोनॉमिक्स मानव से संबंधित है

ए]केवल आराम

बी]केवल सुरक्षा

सी]आराम और सुरक्षा

डी]स्वच्छता

उत्तर- सी

24] निम्नलिखित में से कौन एर्गोनॉमिक्स से संबंधित है

ए]शब्दावली

बी] फिजियोलॉजी

सी]नेत्र विज्ञान

डी] एंथोलॉजी

उत्तर- बी

25] सबसे अधिक उपयोग किए जाने वाले घटकों को किस स्थान पर व्यवस्थित किया जाता है

ए]बाईं ओर का स्थान

बी]दाईं ओर स्थान

सी]ऊपरी तरफ स्थान

डी]केंद्र स्थान

उत्तर- डी

26] निम्नलिखित में से किसका उपयोग 360° . से अधिक घूर्णन को नियंत्रित करने के लिए किया जाता है

ए] घुंडी

बी] क्रैंक

सी] पहिया

डी] चयनकर्ता

उत्तर- बी

27] एक कुशल कार्य को डिजाइन करने के लिए बाएं हाथ से कितना कार्य क्षेत्र कवर किया जाएगा

अंतरिक्ष
ए] सामान्य कार्य क्षेत्र
बी] शून्य कार्य क्षेत्र
सी]अधिकतम कार्य क्षेत्र
डी] न्यूनतम कार्य क्षेत्र
उत्तर- सी
1] CAD का पूर्ण रूप क्या है?
ए] कंप्यूटर एडेड ड्राफ्टिंग
बी] प्रारूपण की व्यवस्था करें
सी] संचार सहायता प्राप्त प्रारूपण
डी] संचार व्यवस्था प्रारूपण
उत्तर- ए
2] ऑटोकैड में एक्स और वाई दोनों दिशाओं में डिफ़ॉल्ट ग्रिड स्पेसिंग क्या है?
ए]20
बी] 10
सी] 5
डी]15
उत्तर- बी
3] निम्नलिखित में से कौन 2डी पॉली लाइन से संबंधित है
ए]चाप और रेखा एक साथ
बी]चाप को लाइन में बदलें
सी]केवल चाप बनाओ
D]रेखा को चाप में बदलें
उत्तर- ए
5] ऑटोकैड में इन्सर्ट ब्लॉक का क्या कार्य है?
A]वर्तमान आरेखण में सहेजे गए आकार को सम्मिलित करने के लिए
B]सेव शेप खोलने के लिए
सी]एक नया आकार बचाने के लिए
D]नई आकृति संपादित करने के लिए
उत्तर- ए
6] Auto CAD में एक लाइन को काटने के लिए किस कमांड का प्रयोग किया जाता है?
ए]विस्तार
बी] ट्रिम
सी]हटाएं

डी] ऑफसेट

उत्तर- बी

7] किसी लाइन का स्पेसिफिक गैप बनाने के लिए किस कमांड का प्रयोग किया जाता है

ए]दो बिंदु तोड़ो

बी]एक बिंदु तोड़ो

सी] ट्रिम

डी]लघु

उत्तर- ए

8] ऑटो कैड में दो इंटरसेक्टिंग भागों के सामान्य क्षेत्र को प्राप्त करने के लिए किस कमांड का उपयोग किया जाता है

घटाना

इंटरसेक्ट

घूमना

संघ

बी

9] ऑटो कैड में 2डी फिगर में हाइट जोड़ने के लिए किस कमांड का प्रयोग किया जाता है?

ए]बाहर निकालना

बी]विस्तार

सी]विस्फोट

डी] संघ

उत्तर- ए

10] किसी वस्तु को आयताकार मैट्रिक्स या ध्रुवीय ग्रिड में व्यवस्थित करने के लिए किस कमांड का उपयोग किया जाता है

एक नक़ल

बी]हटो

सी]दर्पण

डी] सरणी

उत्तर- डी

11 सॉलिडवर्क्स में ड्रा करने के लिए किस प्रकार का दस्तावेज़ बनाया जा सकता है

ए]2डी दस्तावेज़

बी]3डी दस्तावेज़

सी] 4 डी दस्तावेज़

डी]6डी दस्तावेज़

उत्तर- बी

12] जब दो या दो से अधिक भाग आपस में जुड़ते हैं तो उस रेखाचित्र को क्या कहते हैं?

ए]जंक्शन

बी] विलय

सी]विधानसभा

डी] संयोजन

उत्तर- सी

13] कोने को कोण पर काटते समय क्या कहा जाता है

ए] पट्टिका

बी]चम्फर

सी]बेवेल

डी]टेंपर

उत्तर- बी

14] सॉलिडवर्क्स में भाग की बाहरी सतह का नाम क्या है?

ए] एज

बी] उत्पत्ति

सी]कोना

डी]चेहरा

उत्तर- डी

15] सॉलिडवर्क्स में "कट-एक्सट्रूड फीचर" का क्या कार्य है?

ए] सामग्री निकालना

बी] सामग्री बयान

सी]भाग निकालना

डी]भाग जोड़

उत्तर- ए

16] निम्नलिखित में से कौन सी विशेषता सॉलिडवर्क्स में सामग्री को ठोस बनाने की अनुमति देती है

ए]सॉलिड क्रिएशन मोड

बी]फीचर मैनेजर

सी]स्केच मोड

डी]सॉलिड एडिटिंग मोड

उत्तर- बी

17] कौन सा फ़ंक्शन सॉलिडवर्क्स, मॉडल में एक पॉकेट बनाएगा?

फ़ीचर मैनेजर

पट्टिका

एक्सट्रूडेड बेस

एक्सट्रूडेड कट

डी

18] जब एक इकाई को सॉलिडवर्क्स में परिभाषित किया गया है तो इसे कैसे बदला जा सकता है

ए] कट फ़ंक्शन का उपयोग करना

बी]इनपुट बदलना

सी]संपादन

डी] इसे हटाना

उत्तर- सी

19] जहां सॉलिडवर्क्स में "Alt F' कमांड का उपयोग किया जाता है

ए फ़ाइल मेनू के लिए

बी ज़ूम इन करने के लिए

सी ज़ूम आउट के लिए

D फिल्टर किनारे के लिए "Alt F"

उत्तर- ए

20] इन्वर्टर में एप्लीकेशन ऑप्शन के तहत निम्न में से कौन सा पार्ट इन पार्ट में सबसे पहले देखा जा सकता है

एक्स, वाई विमान पर एक स्केच

yz विमान पर B स्केच

सी कोई नया स्केच नहीं

डी स्केच xz प्लेन पर

उत्तर- सी

21] निम्न में से कौन सा आविष्कारक में फ़ाइल एक्सटेंशन है

ए.पीडीएफ

बी संगठन

सी.डीआरजी

डी.आईपीटी

उत्तर- डी

22] इनवर्टर में "ड्रॉ टूल बार" में कौन सा नहीं दिखता है

एक क्षेत्र में

बी आयत

सी अक्ष

डी आर्क

उत्तर- सी

23] इनवर्टर में मॉडल टूल बार में सरफेस ऑप्शन में कौन सा कमांड नहीं दिखता है?

एक सिलाई

बी थिकेन

सी मूर्तिकला

डी एक्सिस

उत्तर- डी

24] 3डी मॉडलिंग में फ्री ऑर्बिट टूल किस टूल बार में मिलता है?

एक घुमाएँ

बी संशोधित

सी मूव

डी 3 डी चाल

उत्तर- बी

25] किस विशेषता द्वारा एक आयताकार आकृति बनाकर एक बेलन बनाया जा सकता है

एक घूमना

बी मूव

सी बाहर निकालना

डी स्वीप

उत्तर- ए

26] जिससे ग्राफिक एरिया में सभी पार्ट ड्राइंग को दृश्यमान बनाया जा सके

एक स्केच टूल बार

बी चयन फ़िल्टर

सी कमांड मैनेजर

डी संपत्ति प्रबंधक

उत्तर- बी

27] व्यू टूल बार में किस तरफ 3D सॉलिड का व्यू होगा

एक एसई आइसोमेट्रिक

बी राइट ईडब्ल्यू

सी आइसोमेट्रिक

डी फ्रंट

उत्तर- ए

1] सॉलिड वर्क्स में ड्राइंग शीट बनाने के लिए शीट फॉर्मेट डायलॉग बॉक्स द्वारा क्या परिभाषित किया जाता है

केवल एक शीट प्रारूप

बी कागज का आकार केवल

सी शीट प्रारूप और कागज का आकार

डी फ़ीचर मानेगर

उत्तर- सी

2] निम्नलिखित में से कौन सा डिफ़ॉल्ट मानक पत्रक प्रारूप है A -Landscape.slddrt

सॉलिड वर्क्स में ड्राइंग शीट बनाने के लिए

एक डिफ़ॉल्ट है

बी एएस डिफ़ॉल्ट

सी बीए डिफ़ॉल्ट

डी यूएस डिफ़ॉल्ट

उत्तर- डी

3] ठोस कार्यों में ड्राइंग आइटम जोड़ने के लिए किस पथ का उपयोग किया जाता है

एक सम्मिलित करें > मॉडल आइटम

बी सम्मिलित करें> कोण दृश्य

सी सम्मिलित करें > नाम दृश्य

डी सम्मिलित करें > दृश्य जोड़ें

उत्तर- ए

4] सॉलिड वर्क्स में नामित व्यू डायलॉग बॉक्स खोलने के लिए किस आइकन का उपयोग किया जाता है?

एक नया संपादन आइकन

बी नया ऐड आइकन

सी नया दृश्य आइकन

डी नया खुला आइकन

उत्तर- सी

5] जहां ठोस कार्यों में मानक 3 दृश्य उत्पन्न करने के लिए व्यू पैलेट खुलता है

खिड़की का एक दाहिना भाग

बी खिड़की के बाईं ओर

सी खिड़की के ऊपर की तरफ

डी खिड़की के नीचे की ओर

उत्तर- ए

7] निम्नलिखित में से कौन सा एक के समान है?

आम तौर पर ठोस कार्यों में सहायक दृश्य

एक कोण दृश्य

बी प्रक्षेपित दृश्य

सी नामित दृश्य

डी मानक दृश्य

उत्तर- बी

8] निम्न में से किस लाइन का प्रयोग बनाने के लिए किया जाता है

ठोस कार्यों में किसी वस्तु का अनुभागीय दृश्य

एक कटिंग प्लेन लाइन

बी डिट्टो लाइन

सी फैंटम लाइन

डी सेक्शन लाइन

उत्तर- डी

9] सामान्य रूप से किस दृश्य का उपयोग एक नया आरेखण दृश्य बनाने के लिए किया जाता है जो कि बड़ा भाग होता है

मौजूदा दृश्य का

एक नामांकित दृश्य

बी तीन दृश्य

सी अनुभागीय दृश्य

डी विवरण दृश्य

उत्तर- डी

10] ठोस कार्यों में विस्फोटित दृश्य बनाने के लिए निम्नलिखित में से किसका उपयोग किया जाता है

एक विन्यास प्रबंधक

बी पूर्वावलोकन दिखाएं

सी ट्री आइटम दिखाएं

डी संक्षिप्त करें आइटम

उत्तर- ए

11] मेट पर आधारित एनिमेशन बनाने के लिए किस कमांड का प्रयोग किया जाता है

एक जंगम contrille

बी कठोर नियंत्रक

सी मेट नियंत्रक

डी फिक्स कंट्रोलर

उत्तर- सी

12] निम्नलिखित में से कौन एनीमेशन कंट्रोलर में उपयोग किया जाने वाला मेट है

एक व्यास

बी कोण

सी लंबाई

डी त्रिज्या

उत्तर- सी

14] किस कमांड में व्यास का प्रतीक और छेद का आयाम होता है

व्यास

एक त्रिज्या बाहर

बी डिमेंशन आउट

सी दीया आउट

डी कॉल आउट

उत्तर- डी

15] पहले नेता के साथ-साथ कई लोगों के लिए स्थान का चयन करने के लिए किस एनोटेशन टूल का उपयोग किया जाता है

अतिरिक्त नेता

एक टिप्पणी

बी प्वाइंट

सी पहले

डी अनुभाग

उत्तर- ए

16] जहां ठोस कार्यों में अनुकरण नाम दिखाई देता है

एक शीर्षक बार

बी मेनू बार

सी व्यू बार

डी टूल बार

उत्तर- बी

17] निम्नलिखित में से कौन सा ठोस कार्यों के लिए फाइल एक्सटेंशन नहीं है

ए .slljpg

बी .sldprt

सी .sldasm

डी .slddrw

उत्तर- ए

18 निम्नलिखित में से कौन ठोस कार्यों में हस्तलेखन के विचारों को चित्रित करने में उपयोगी है

एक धराशायी लाइन कॉस्मेटिक धागे

बी छायांकित कॉस्मेटिक धागे

सी टेम्पलेट धागे

डी रैखिक धागे

उत्तर- बी

1 निम्नलिखित में से किसका उपयोग ठोस कार्यों में ठोस को सामग्री सौंपने के लिए किया जाता है

एक फीचर मैनेजर

बी स्केच मोड

सी ठोस निर्माण

डी ठोस काम

उत्तर- ए

2 कंप्यूटर एडेड डिज़ाइन टूल या सॉफ्टवेयर कौन सा है जो MS-Window पर चलता है?

एक टैली

बी कोरल ड्रा

सी ठोस कार्य

डी पेज मेकर

उत्तर- सी

3 निम्नलिखित में से किसका उपयोग दो भागों को एक दूसरे के साथ जोड़ने के लिए किया जाता है

एक मेट संपत्ति प्रबंधक

बी प्रबंधक संपत्ति प्रबंधक

सी मूव प्रॉपर्टी मैनेजर

डी कॉन्फ़िगरेशन संपत्ति प्रबंधक

उत्तर- ए

4 सॉलिड वर्क्स में डिज़ाइन ट्री कहाँ स्थित है

संपत्ति प्रबंधक से एक शीर्ष

बी संपत्ति प्रबंधक से नीचे

सी संपत्ति प्रबंधक के लिए छोड़ दिया

डी संपत्ति प्रबंधक का अधिकार

उत्तर- बी

5 कौन सा ठोस कार्य प्रमाणन लोकप्रिय है

एक सीएसीपी

बी सीएसडब्ल्यूपी

सी सीएसीए

डी सीएसडब्ल्यूपीपी

उत्तर- बी

6 सॉलिड वर्क्स में कमांड मैनेजर कहाँ स्थित है

ग्राफिक क्षेत्र का एक वामपंथी

बी ग्राफिक क्षेत्र का अधिकार

सी ग्राफिक क्षेत्र का शीर्ष

डी ग्राफिक क्षेत्र के नीचे

उत्तर- ए

7 ठोस कार्यों में किसी दस्तावेज़ को खोलने के लिए किस शॉर्टकट कुंजी का उपयोग किया जाता है

एक Ctrl + पी

बी Ctrl + आर

सी Ctrl + एस

डी Ctrl + ओ

उत्तर- डी

8 ठोस कार्यों में किनारों को बेवल आकार प्रदान करने के लिए किस कमांड का उपयोग किया जाता है

एक चम्फर

बी पट्टिका

सी कट

डी रिवॉल्व

उत्तर- बी

9 निम्न में से कौन सा ठोस कार्यों के अंदरूनी निर्माण जांच उपकरण में शामिल नहीं है

एक दस्तावेज़ की जाँच

बी एनिमेशन चेक

सी आयाम जांच

डी विस्तृत दस्तावेज़ जाँच

उत्तर- डी

10 ठोस कार्यों में एक टेम्पलेट से आप क्या समझते हैं

ए डिफ़ॉल्ट सेटिंग खोलने के लिए

B डिफ़ॉल्ट सेटिंग बनाने के लिए

सी डिफ़ॉल्ट सेटिंग को बचाने के लिए

डी डिफ़ॉल्ट सेटिंग संपादित करने के लिए

उत्तर- ए

11 वह कौन सी विंडो है जो आपको संपूर्ण ई-ड्राइंग का थंबनेल दृश्य दिखाती है?

एक ओवर व्यू विंडो

बी अंडर व्यू विंडो

सी अपर व्यू विंडो

डी लोअर व्यू विंडो

उत्तर- ए

12 आप ई-ड्राइंग कैसे बनाते हैं

एक क्लिक खुला

बी बनाएं क्लिक करें

सी क्लिक प्रकाशित करें

डी क्लिक संपादित करें

उत्तर- सी

13 होम कमांड ने क्या कार्रवाई की

डिफ़ॉल्ट दृश्य का चयन

बी डिफ़ॉल्ट दृश्य बढ़ाना

सी डिफ़ॉल्ट दृश्य को कम करना

डी डिफ़ॉल्ट दृश्य पर लौटें

उत्तर- डी

14 कौन सा कमांड ड्राइंग एनिमेशन का नॉन स्टॉप रिप्ले करता है?

एक सतत नाटक

बी नॉन कंटीन्यूअस प्ले

सी बढ़ाएँ खेल

डी खेल कम करें

उत्तर- ए

15 कौन-सी दृश्य सहायता आपको ड्राइंग में मॉडल ऑनियेशन की पहचान करने में मदद करती है

एक 3डी पॉइंटर

बी 2डी पॉइंटर

सी 4डी पॉइंटर

डी 6डी पॉइंटर

उत्तर- ए

16 निम्नलिखित में से कौन सा एक संदर्भ विमान सम्मिलित करने के लिए नहीं है

ए डालने के लिए जाओ > ref.geo > विमान

बी डालने के लिए जाओ > ref.geo > लाइन

सी डालने के लिए जाओ > ref.geo > अंक

D इन्सर्ट > ref.geo > वृत्त पर जाएँ

उत्तर- डी

17 सॉलिड वर्क्स असेंबली में निम्नलिखित में से कौन सा पैटर्न का प्रकार है

एक दर्पण

बी रैखिक घटक पैटर्न

सी परिपत्र घटक पैटर्न

डी आयताकार घटक पैटर्न

उत्तर- डी

www.ingramcontent.com/pod-product-compliance
Ingram Content Group UK Ltd.
Pitfield, Milton Keynes, MK11 3LW, UK
UKHW021922190726
13853UKWH00002B/787

9 798888 158814